SALTO

Dieser Band enthält zwei bislang unbekannte Texte von Djuna Barnes über Paris *und ihr berühmtes Porträt von* James Joyce *in einer neuen Übersetzung.*

In den Vagaries Malicieuses *beschreibt Djuna Barnes ihre erste Reise nach Europa, ihre Erwartungen und ersten Eindrücke des speziellen ›Pariser* Chic*‹ und der Pariser Kultur: das Leben der Bohème in Saint-Germain-des Prés, die Treffpunkte der ›lost generation‹ und der ›expatriates‹ wie Gertrude Stein, Robert McAlmon, Ezra Pound oder William Carlos Williams, und den berühmten Salon von Natalie Clifford Barney.*

Diesem umfangreichen Text folgt als zweiter das Porträt von James Joyce*; es erschien im April 1922 in ›Vanity Fair‹, zwei Monate nachdem sein ›Ulysses‹ unter der Obhut von Sylvia Beachs ›Shakespeare and Company‹ veröffentlicht und in aller Munde war.*

Den Band beschließt wiederum ein unbekannter Text, den Djuna Barnes 1941 in New York schrieb, Lament for the Left Bank *(›Klagelied auf das Linke Ufer‹). Nach der Besetzung durch die Deutschen erinnert sie sich – aus der Distanz und angesichts des drohenden Verlustes – noch einmal an die ungewöhnliche Qualität von Paris.*

DJUNA BARNES

Paris, Joyce, Paris

Aus dem Amerikanischen von
Karin Kersten
und mit einem Nachwort von
Kyra Stromberg

Verlag Klaus Wagenbach Berlin

Die Seite zwei zeigt Djuna Barnes auf der »La Lorraine«, 1922

Verlag Klaus Wagenbach Ahornstraße 4 1000 Berlin 30

INHALT

Vagaries Malicieuses

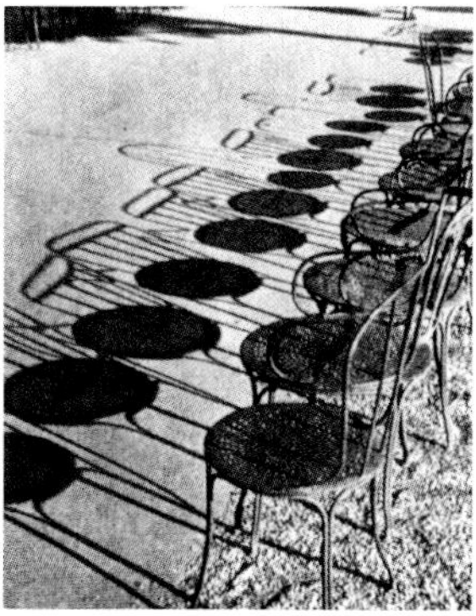

AIX LES BAINS

Jahrelang träumt unsereiner von Paris, wieso eigentlich weiß kein Mensch, sieht man davon ab, daß noch jeder Diebstahl einer Birne aus einem Obstgarten mit der kopfrechnerischen Überlegung gesühnt worden ist: »Ein Franzose hätte das verstanden; in Paris wäre das alles so einfach, so charmant!«

Kein Mensch untersteht sich, eine feste Ansicht von Leben, Liebe oder Literatur zu hegen, ehe er in Paris gewesen ist, denn stets hat er unmittelbar neben sich jemanden, der ihm zuraunt: »Haben Sie den Louvre besucht? Haben Sie auf Giotto angesprochen? Haben Sie Ihre Hand über die Möbel des fünfzehnten Jahrhunderts gleiten lassen? Die Stelle gesehen, an der Marie Antoinette ungeheuer hochmütig wurde? Nicht? Nun, mein lieber Freund, dann halten Sie sich zurück.«

Kein Tag im Leben, an dem man nicht Dinge gehört hat wie: »Als Ihr lieber Vater eines Abends auf der Avenue de l'Opéra Whisky-Soda trank, wurde er von zwei Frauen angesprochen, einer mit einer Rose zwischen den Zähnen und einer ohne«, oder »Selbstverständlich weiß ich, daß sich alle Philosophien am Ende selbst widersprechen, und deshalb habe ich mich da wohlweislich immer herausgehalten, bis ich nach Paris kam und mir aufging, daß ich einfach nur meine Gedanken ausdrücken mußte!«

Ich habe zwei Freunde, die ständig in die Oper gehen, die niemals ein D'Alvarez-Konzert versäumen. Einer der beiden Herren hat sehr viel für Katzen übrig und streichelt während der Saison so einiges zusammen, der andere ist ein Theaterautor, der außerordentlich unbekümmert ist, was die Anzahl der Objekte in Europa angeht, auf die sich das richtet, was als seine Libido bekannt ist.

Beide Herren sind in Rom im Profil aufgenommen worden mit einer Taube auf jeder Schulter und dreien zu ihren Füßen; jeder von beiden hat Enten gegessen an dem einzigen Ort, wo die Enten aus schierem Vergnügen sterben (ich habe nie herausbekommen, wo dies Lokal ist); und beide trugen sie, als sie zurückkamen, Kameen der jüngeren, traurigeren Söhne entehrter, aber lordlicher Familien.

Und so geschah es, daß auch ich nach Europa kam.

Es war ein Ein-Klassen-Schiff – für Menschen ohne Unterscheidungsvermögen. Die Fracht bestand hauptsächlich aus enttäuschten Lehrern aus dem Mittleren Westen, die an Deck saßen und mit höhnischer Miene Gratisobst aßen. Am Abend wechselten sie dann in den Salon, wo sie Triple sec tranken und beim Kartenspiel zu gewinnen versuchten. Ein paar dachten, sie seien festlandseuropäisch, wenn sie ausländischen Umarmungen nachgaben.

An Bord dieses Schiffes befand sich ein Franzose, ein Herr, ein Professor, der seine dreiundvierzig war und dreihundert Frauen gehabt hatte und immer noch in dem Wahn lebte, daß »die ganze Welt sich um die Liebe dreht«.

Das einzige Mitglied der Besatzung, das Englisch sprach, war die einzige Stewardess. Sie sprach mit deutlichem Cockney-Akzent, war fast ständig betrunken und erklärte das damit, daß sie behauptete, sie habe Heimweh nach London. Je näher England kam, desto betrunkener wurde sie, und am Ende ging sie so weit, ein walisisches Kriegslied zu singen, während die Studenten die Marseillaise sangen.

Ich saß an der Kapitänstafel, mit vier anderen. Der eine war der Professor, der zweite war ein Belgier, der aus Gründen der Solidarität in sein Land zurückkehrte, und die anderen beiden waren Damen, die das Leben gesehen und sich mit vierzig diskret abgewandt hatten, um den noch verbleibenden Rest unbemerkt vorübergehen zu lassen, falls ihm daran lag. Eine von beiden sprach ein großartig degeneriertes Französisch, das den Kapitän zum Lachen brachte und sein Verderben war.

Diese Dame trug einen Hund bei sich, den sie »Fifi« rief nach einer französischen Heroine, die ihr Leben gewissermaßen unter dem affektierten, flauschigen Regiment des Hundes gelebt und nach Kirschtorten gelechzt und sie auch bekommen hatte.

Die andere Dame war eine Witwe, die ein bißchen weniger bestimmt auftrat, und deren Leidenschaft war Eis. Was mich angeht – ich lachte, ich lachte eine Menge. Lachen ist unüblich. Nach dem ersten Lachen erging sich der gesamte Speisesaal in Mutmaßungen über mich – nach dem zweiten waren sie zu einem Schluß gekommen – nach dem dritten hatten sie mein Leben bereits in die Hand genommen.

Abends erinnerte ich mich eines Kummers, doch der gute, freundliche Professor hatte eine Vergangenheit. Sie ging etwa so:

»Ich habe einen hübschen Mund, doch früher war er hübscher. Als ich noch weiße Zähne hatte. Die Frauen drehten sich regelmäßig nach mir um, und eine Dame, es war eine Marquise, ließ Pferd und Kutsche stehen, um mir zu Fuß nachzugehen, und wieder ein anderes Mädchen, eine Spanierin, die die meiste Zeit ihres Lebens in Madrid verbracht hatte, war bereit, ihren Gatten und ihre sämtlichen bisherigen Eindrücke aufzugeben –«

Ich sagte: »War das denn nötig?«

Er sagte: »Nein, das ist ja das Problem, Frauen möchten immer irgendetwas aufgeben.«

Ich sagte: »Ist das Meer nicht schön?«

Er sagte: »Ich weiß nicht. Ich kann mich bei Dingen, die in großen Mengen vorhanden sind, nie recht entscheiden –«

Später sprach er von der Liebe.

»Die Liebe«, sagte er, »sollte wunderbar sein, wählerisch und hoffnungslos. Für uns Franzosen hat der amerikanische Mann etwas Befremdliches. Die amerikanischen Frauen – ja! Sie haben so etwas Vitales und Lebendiges – etwas Stolzes und Unerreichbares. Der amerikanische Mann hat im Bett etwas von einem Franzosen beim Angeln.« Er fuhr fort: »Eines Tages ging ich mit einer Dame an den Ufern der Seine entlang. Während unseres Spaziergangs kamen wir an drei Männern vorbei, die waren alle eifrig mit Angeln beschäftigt, doch nicht eine der drei Schnüre erreichte auch nur annähernd die Wasseroberfläche. ›Was ist denn mit denen los?‹ fragte die Dame. ›Was mit denen los ist‹, sagte ich, ›ist, daß sie sich nicht mehr Schnur leisten können.‹« Eine lange Pause trat ein, während derer das Meer weitermachte. »Und dazu kommt noch«, fuhr der Professor fort, »daß der Durchschnittsmann an das *toujours tout de suite* glaubt.«

Wir hörten mit einemmal ein leises Lachen, und als wir niederblickten, sahen wir eine Journalistin, die mit einer Havanna und einem Füllfederhalter bäuchlings unter einem Rettungsboot lag.

Wir entfernten uns.

Um etwa vier Uhr nach der angeblichen Zeit, obschon meine Uhr, die jeden Tag eine halbe Stunde vorgestellt worden war, zwei sagte, sprang eines Morgens die Französin, die meine Kabine bewohnte, mit einem Aufschrei aus ihrer Koje und rief:

»Ah, unvergleichliches Frankreich!« oder sonst Worte in diesem Sinne.

Le Havre lag vor uns. Zwei kleine französische Kinder standen am äußersten Ende einer vorspringenden Landspitze und riefen zum Lotsenschiff hinüber, das gerade eben abstieß. Hinter ihnen ragte eine fensterlose Mauer empor, und ein riesengroßes, aber schäbiges Schild kündete von einer minderklassigen französischen Seifenmarke.

Von Le Havre nimmt man einen Zug. Der Zug hat Anschluß an das Schiff. Ja, eigentlich könnte man sagen, der Zug kommt das Boot holen. Er kriecht eine Straße mit Kopfsteinpflaster hinauf und stupst die Nase fast in die Nase der See.

Ach, diese erstaunlichen französischen Züge! Kein Komfort, aber welche Atmosphäre – kein Platz, um die Ellenbogen aufzustützen, doch was für Reisegefährten! Ein Neger, der eine schwarze Zigarre rauchte – ein Mann in grobem Tweed aus den Pyrenäen – eine Erbin aus den Staaten mit leichtem Flaum auf der Oberlippe – eine junge Frau aus New Orleans auf dem Weg nach Neufchâtel, wo sie Anspruch auf ein Wappen erheben wollte, und ein Herr aus Havanna, der unablässig seine Uhrkette wog!

Stundenlang kämpfte das Bähnchen mit dem Erdboden und blieb schließlich siegreich, indem es einen Hügel hinauffuhr, worauf die Schwarze Jungfrau stand.

Rouen zog vorüber. Alles drängte sich an den Fenstern, doch auf der Seite gab es keine Mohnfelder, da erhob sich nur ein melancholischer Hügel, und in weiter Ferne kauerte eine einzelne Kirche im hohen Gras, in dem kein Vogel sang.

Die Seine kam in Sicht. Friedliche Menschen lagen auf dem Rücken unter Bäumen, und Kinder tauchten ihren nackten Körper ins träge, dünne Wasser.

Tränen standen in den Augen des Professors, der bis ganz zum Schluß mein Begleiter geblieben war, und ich fragte ihn, ob er leide.

»Ah, ma chérie«, antwortete er, »das ist eine sehr traurige Fahrt für einen Franzosen, der viele Jahre drüben in den USA gewesen ist. Man erkennt, wieviel lebendiges Frankreich unterdessen gestorben ist; und dann die vielen hübschen jungen Frauen, die alt geworden sind, ohne mich gekannt zu haben!«

Wenig später schlief alles, außer dem Professor und mir. Die Zigarre des Negers war ausgegangen. Der Herr aus Havanna gönnte seinem Charme eine Pause. Das Wappen, um dessentwillen die junge Dame aus New Orleans so viele unbequeme Meilen gereist war, war vergessen, und ungestört träumten der Professor und ich unsere getrennten Träume – einen von einem Land, dem keine Frau je teurer gewesen war als Jeanne d'Arc, einen, in dem keine Liebe obskurer war als meine!

Gare St. Lazare! Eine fremde Zunge, aber keine Blumenstände, nur ein Schuhputzsalon; und durch Abwesenheit glänzende Sodawasser – und Kaugummiautomaten.

Und dann die Straße.

»Das ist also Paris!«

Dann setzt das Zittern ein. Man gefriert innerlich. Zum erstenmal wird einem klar, was man getan hat. »Großer Gott, was habe ich getan!«, und dann unmittelbar darauf: »Großer Gott, wie mache ich das bloß!«

Irgendwie kam mir der Gedanke an den Monte Oliveto und die Limonenbäume, an irgendeine Religion, die auf meinen Glauben gewartet hatte, und ich fragte den Professor, ob es in Frankreich irgendwelche Bergkruzifixe gebe.

»Ein paar vielleicht«, sagte er, »doch Sie denken wohl an Tirol.« Ich erkannte, daß ich an Tirol gedacht hatte – daß ich mir mit meiner Unkenntnis der territorialen Beschaffenheit der Welt nicht nur praktische, sondern auch seelische Schwierigkeiten einhandeln würde.

Ich merkte plötzlich, wie ich darauf wartete, daß der Fluß des Französischen aufhören würde, daß wenigstens die französischen Kinder das Spiel beenden würden (aus irgendeinem Grund geht man davon aus, daß man die Kinder auf seiner Seite hat), daß etwas nicht ganz so Scheinhaftes eintreten würde. Ich brauchte mehrere Tage dazu, um über das Gefühl einer bedrohlichen Vorspiegelung hinweg zu kommen, und im Grunde genommen bin ich immer noch nicht ganz sicher, daß der Franzose nicht sein Spiel mit mir treibt, wenn er mit mir spricht, und ich bin fast bereit, darauf zu schwören, daß der Bon Marché eine Fälschung ist und daß der Louvre eine mehr oder minder makellose Inszenierung von etwas Französischem ist. Dies Gefühl hielt so lange an, daß ich schließlich einen Freund, den ich später traf, fragte, ob er nicht ähnlich empfinde.

Er antwortete, doch, durchaus, ständig lächle er insgeheim, so als wolle er sagen: »Sie können jederzeit anfangen, ernsthaft mit mir zu reden.«

Und so kam ich denn nach Paris, wo ich ein paar Stunden später aus meinem Fenster in der Rue Jacob lehnte und all die unbekannten Kirchen in meinem Herzen bewegte, und indem ich das tat, zog ich meinen Mantel an und ging im traurigen, eben hereinbrechenden Zwielicht nach Notre-Dame und lief unter den Bäumen entlang und dachte an eine andere Stadt auf verräterische Weise, bis ich auf eine alte Frau traf, die Orangen verkaufte und mir der Gedanke kam, wie bitter und flüchtig der Duft war und

wie bezaubernd überflüssig es von ihnen war, so zu sein – und mit dieser Überflüssigkeit war mir Genüge getan.

Notre-Dame läßt einen jedoch vergleichsweise unberührt; aus Angst, lästig zu fallen, mag man sich gar nicht an sie erinnern. Sie ist bevorzugtermaßen ein einsames Geschöpf. Sie wird nicht behelligt von jenen Andächtigen, die in zwei Kategorien zerfallen: jene, die auf den Glauben zugehen, und jene, die von ihm herkommen. Sie befindet sich in jenem Zustand in der Mitte, wo es kein Kommen und Gehen gibt. Vielleicht ist das der Grund, weshalb für mich in der Kirche von Saint-Germain-des-Prés, der ältesten Kirche von Paris, mehr möglich war. Das ist ein Ort für diejenigen, die »nur ein Weilchen bleiben können« – auch sie ist entrückt, doch hat sie die Entrücktheit einer Frau, die von nur einem Hund und vielen Männern geliebt wird. Und hierher trägt man seine Tränen, die man unvergossen läßt, um die dünnen Kerzen zu zählen, die sich um die Füße der Jungfrau erheben wie Blumen aus Feuer.

Als ich eines Abends aus dieser Kirche kam, schaute ich ins Café Aux Deux Magots hinein und trank ein Glas Wein, während Joyce, James Joyce, der Autor des verbotenen *Ulysses*, über die Griechen sprach.

Ein ruhiger Mann, dieser Joyce, mit dem Hinterkopf eines afrikanischen Götzen, lang und flach. Dem Hinterkopf eines Mannes, der mit der vulgären Notwendigkeit geistigen Stauraums gebrochen hatte.

Er sprach auch von Moore. »Der Playboy der westlichen Welt«, sagte er und nippte an seinem Black & White. Als nächstes sprach er von Yeats. »Ein guter Junge und ein hervorragender Dichter, doch hält er sich zuviel auf seine Kleider zugute und ist überhaupt zu sehr fürs Ästhetische eingenommen –, und was die übrigen angeht – Irish stew! Die wissen nicht einmal, daß Gälisch nicht die Muttersprache von Dublin ist!«

Das Café »Aux Deux Magots«,
im Hintergrund die Kirche St.-Germain-des Prés

Bei anderer Gelegenheit kam er unter seinem Regenschirm auf Synge zu sprechen, doch nicht, ehe er nicht tief die feuchte Luft eingesogen hatte.

»Ein gewaltiger Klotz von einem Mann, mit dem sich nicht reden ließ. Es heißt, er sei ein schweigsamer Mann gewesen, doch das war er nicht. Seine *Reiter* waren mir schon immer zuwider. Ich war der erste Mensch, dem er das Stück zeigte, und ich erklärte ihm daraufhin, er solle entweder einen dauerhaften Standpunkt beziehen – oder aber keinen.

›Aber‹, widersprach er, ›es ist ein gutes Stück, so gut wie ein Einakter überhaupt sein kann.‹ Und bei der Gelegenheit sagte ich, Irland brauche weniger seichtes Geplätscher und mehr unwiderlegbare Kunst, und daß kein Einakter, und sei er auch so gut wie sein Meister, ein schlagendes Argument sein könne.«

Er lächelte, als er das sagte, und zeigte dabei jene eigenartig verdorbenen und zu ihm passenden Zähne.

Joyce lebt in einer Art dem Zufall überlassener Zurückgezogenheit. Es freut ihn, wenn Freunde vorbeischauen, und angeblich geht er dann überall mit hin und trinkt, was sich bietet. Er hat einen Widerwillen gegen Kunstgespräche, und seine Freunde sind ganz gewöhnliche Menschen.

Sein Hauptthema ist griechische Mythologie, und er wird niemals müde, darüber zu sprechen, was es mit dem Ursprung des Namens Orion auf sich hat, ein Stück Aufklärung, das dem streng akademischen Geist höchst anstößig erschiene, denn er macht aus den Griechen »ungezogene Jungs« und sorgt dafür, daß sie sich, über die Kluft hinweg, mit Rabelais die Hand schütteln.

Er gleitet von einem Thema zum nächsten, ohne eindeutige Unterteilungen vorzunehmen. Nach kurzer Zeit merkt man, daß er vom Ursprung griechischer Namen auf eine gewisse Baronin zu sprechen gekommen ist, die von den Franzosen ›La Sirène‹ genannt wird.

Sein Gedächtnis ist angeblich perfekt (ich hatte kaum Gelegenheit, das selbst herauszufinden), und es hat etwas vom trägen Wallen eines Bodennebels. »Eine alte Frau war sie«, sagte er und meinte die Baronin, »über siebzig und schlagflüssig. Sie war Russin, eine vermögende Frau, und

als Mädchen war sie eine Schönheit gewesen, doch ich habe sie erst als alte Frau zu Gesicht bekommen, wie sie sich kopfnickend über einen Schrankkoffer mit pornographischen Druckplatten beugte. ›Die sollen Sie haben‹, sagte sie zu mir, ›sie sind im Laufe vieler Jahre eines unsteten, unzufriedenen Lebens gesammelt worden, des Lebens eines meiner Liebhaber, eines Griechen.‹« Und bei dem Wort »Grieche« wußte ich, weshalb Joyce sich überhaupt an sie erinnert hatte.

»Sie erklärte mir«, fuhr Joyce fort, »das Schwerste im Leben eines schönen Mannes sei, in die Vergangenheit zurückzublicken, ›und das ohne Legende‹.«

»Ich habe ihre Lebensgeschichte jedoch nicht geschrieben«, sagte er plötzlich und wandte seinen braunschwarzen Bart unter der Lampe hin und her, »sie war zu ausgefallen, und ein Schriftsteller sollte niemals über das Ausgefallene schreiben, das ist Sache des Journalisten.«

Er fuhr fort: »Sie zeigte mir ein Bild ihres Liebhabers, die Fotografie, die sie am Fuße ihres Bettes hängen hatte, ein gutaussehender Bursche war das mit einem gestutzten schwarzen Bart und einem Ausdruck verborgener Wildheit.«

Später erklärte Joyce, weshalb diese Frau ›La Sirène‹ genannt wurde.

»Sie besaß zwei Inseln vor der kretischen Küste, und dort wurden sieben Gatten tränenlos begraben, so wird behauptet, obwohl sie mir gegenüber nur drei zugab. Es ging das Gerücht, sie besitze einige ganz hervorragende Stiche, Illustrationen der Odyssee, und ich schrieb ihr, daß ich die gern sehen würde. Sie kam persönlich übers Wasser, aufrecht in einem kleinen Boot stehend, ihren Hund neben sich, einen großen Strohhut auf dem Kopf, und als sie in Rufweite war, rief sie mir zu, ich sei doch wohl kein Engländer, und ich rief zurück: ›Nein, Ire‹«.

Hier verweilte ich einen Augenblick bei der Vorstellung, was für ein Bild das gewesen sein mußte, als die Baronin übers Wasser kam, aufrecht auf beiden Beinen stehend, ihren Hund neben sich, und diesem hochgewachsenen traurigen Iren, der gekommen war, um Odysseus zu sehen, mit Trotz und einem wachsamen Auge begegnete.

»Die Bilder stellten sich am Ende als Reinfall heraus«, sagte er. »Die Sirenen waren noch nie mit irgendwelchem Wind in Berührung gekommen, denn ihr Haar war geordnet wie eine deutsche Perücke, und das Meer war mit dem entsprechenden Wasser ausgestattet. Nur einer von der ganzen Schar hatte für mich etwas Erfreuliches – das war der, unter dem der Künstler sich Odysseus vorstellte, ein müder Mann, der seinen Bogen im Sitzen spannte.«

Meine Gedanken schweiften ein wenig umher, ich schaute auf den Platz hinaus und fragte mich, ob ich wohl jemals wieder in dies Café käme.

Wie lange genau es dauerte, bis ich merkte, daß Joyce die ganze Zeit zu mir gesprochen hatte, weiß ich nicht, doch als ich ihm erneut meine Aufmerksamkeit schenkte, befand er sich mitten in einem Satz, der damit schloß: »... und so kam es, daß ich die Gelegenheit versäumte, Tagore kennenzulernen; wieder so eine irrige Vorstellung, die die Welt sich von einem Mystiker macht! Weil ich keine Abendkleidung besaß –«.

»Eine der irrigen Vorstellungen, die die Welt sich von einem Mystiker macht!« Das ging mir eine Weile durch den Kopf und vermischte sich dann, wie auch immer, mit Joyce' nächster Bemerkung, eisengefaßte Opale gäben sehr schöne Ringe ab, und er möge schwere Parfüms, eines möge er jedoch besonders, wenn er auch selbst nie Parfüm benutze, der Name war, glaube ich, Appopynax, und an diesem Punkt verlor ich jegliche Verbindung zu diesem Mann, der traurig, ruhig und unablässig an der Arbeit war.

Der Chic von Paris, die Schönheit seiner Frauen, der Zauber seiner bloßen Existenz –

Eine Frau, die um die Ecke der Place Vendôme gebogen kam, die sich elegant zum Ritz und der Bank von Morgan Harges hinschwingt, war, am Abend betrachtet, chic. Eine andere, die die Rue de la Paix hinabhastete, war hübsch, doch als ich an ihr vorbeiging, hörte ich sie zu dem Mann mit der Brille, der sie am Ellenbogen hielt, sagen: »Wir haben die amerikanischen sanitären Anlagen unterschätzt.« Und das wurde ohne die Spur eines Akzents, eines Oxforder ebensowenig wie eines Bostoner, gesagt.

Die französische Frau ist klein, hat hochangesetzte Hüften und erheiternd dunkles Haar, ihre Gedanken sind ortsgebunden, und ihr Gatte ist winzig und – offensichtlich – nur in der Erinnerung körperlich fit.

Doch, so erklärte man mir, ich dürfe nicht bei Sommerwetter nach Paris kommen, da Deauville und Dinard die Schönheiten bei sich sähen und der echte Pariser Chic nur in Wagen mit heruntergezogenen Jalousien zu sehen sei; auch dürfe ich mir keinerlei Hoffnung machen, den Franzosen so kennenzulernen, wie er lebt, es sei denn, ich bewerkstelligte jene heikelste aller internationalen Beziehungen – den Fremden jenseits der Schwelle.

»Selbst die kleine Madame Bovary hätte Sie nicht hereingelassen, es sei denn, Sie hätten am Tor irgendeinen braven ortsansässigen Geistlichen nennen können, der Sie geschickt habe, oder Sie hätten nach einem großartigen Liebhaber ausgesehen.«

Vielleicht sehe ich ja sogar ein bißchen danach aus, doch wollte ich das nicht um eines verschlafenen Landes willen aufs Spiel setzen, also verzehrte ich mein Frühstück aus Cognac und Kaffee und einem gelegentlichen Croissant (weitaus bessere kann man jeden Morgen im Brevoort haben) allein, bis es dem Professor, der früher reich gewesen war und immer noch über Freunde mit einem hartnäckigen Gedächtnis verfügte, einfiel, daß es mir ja Vergnügen bereiten könnte, mit einer französischen Familie bekannt gemacht zu werden, und der Familie ebenfalls beträchtliches, denn, wie er sagt, mein Lachen setzt sich aus den prekären Augenblicken eines Menschenlebens zusammen.

Die Pension in der Rue de Grenelle schien kalt und dunkel und was man vielleicht ›aufgegeben‹ nennen könnte, und ich war, als ich aus dem Wagen stieg, von einem Empfinden erfüllt, das wahrscheinlich nicht weniger vital war als das von Anna Karenina, als sie mit dem Moskauer Expreß um die verhängnisvolle Ecke bog. Meinen Umhang enger um mich ziehend, stand ich in der Kühle des Hofes, auf den hohen Backenknochen Schatten, die nicht weniger üppig, tief und geheimnisvoll waren als die eines Rembrandt.

Der Professor begann zu flüstern, während er hinaufstieg:

»Sie ist eine prächtige Frau. Eine von jenen Frauen, deren Züge ihre endgültige Gestalt gefunden haben; eine Frau mittleren Alters, die Gattin des hervorragendsten Geburtshelfers der Nation –« Seine Stimme verebbte, als die Tür zu Madames Salon sich auftat.

Wieviele Lebensjahre hatte ich damit hingebracht, mir genau solch ein Zimmer auszumalen! Vorhänge von tiefem Faltenwurf und einem exquisiten, doch schrecklichen Babyblau sperrten das Licht der Sonne genau im angemessenen Verhältnis aus, so daß sie in den Schatten Silberquasten mit sich schleppte. An den seidenbedeckten Wänden hingen hunderte von vergoldeten Rahmen, worin sich verführerische Frauen eines früheren Zeitalters irgendjemandem zuliebe das Haar hinten hochsteckten und andere wieder solche Büsten halb entblößten, wie sie sich nur hungernde Lithographen erträumen können. Diese Büsten, die mit dem Gewicht einer Spitze garniert waren, die nicht aufdringlicher war als Wimpern an einem Lid, kamen dem verlöschenden Sonnenlicht auf mehr als halbem Wege entgegen.

Auch Porzellanfiguren gab es hier, die mit einander um die äußerste Zerbrechlichkeit wetteiferten; kleine Porzellanfrauen streckten Füße von einer so ungehemmten Zartheit vor, daß ich mich nicht traute, meine Bewunderung zu hauchen; Spitzenunterröcke gab es so durchscheinend, so perforiert und so unglaublich, daß ich nahezu bis auf den Grund der Wirklichkeit durch sie hindurchblicken konnte; und was die Hände angeht, die den oberen Rock genau in der richtigen Höhe gerafft hielten – nun ja, es ist immer schon mein Wunsch gewesen, eine Religion zu gründen, die dem Winzigen die fällige Anerkennung verschafft.

In der Mitte dieses Zimmers stand ein handbemaltes Spinett; jenes Instrument also, das mir am ehesten das Herz zu brechen vermag, die Music Box einmal beiseite gelassen. Über dies Spinett war, mit dem Ennui aller fortgeschrittenen kulturellen Verfeinerung, eine Stickarbeit geworfen. Dreimal in meinem Leben, öfter glaube ich nicht, sind Musikinstrumente in einer Weise entweder zugedeckt oder aufgedeckt worden, daß mein Leben dadurch verändert wurde. Einmal geschah das gegen Abend und einmal gegen Morgen und einmal in diesem französischen Zuhause, und ich glaube, dieses Mal in Paris war, was mich betrifft, die letzte Affäre mit Arrangements aus Musik und Seide.

Darüber hing jenes Schweigen, mit dem man im Innern all jene Frauen bedenkt, die zu keinem anderen Ende als dem Grabe in Boudoirs ein- und ausgegangen sind und das so tapfer getan haben, mit Spitze und Duft und zeitgemäßen Moden aller Art und auf Atlaspumps, die bei jedem Schritt ihren Absatz zurückließen. Auch hier herrschte jenes Schweigen, während wir auf Madame warteten, die irgendwo stand und einen langen Stopfen aus einer Kristallflasche zog, während ihr Kanarienvogel sich einmal durch den goldenen Käfig pickte.

Dann teilte Madame die Portièren.

An ihren Ohren schwangen Gehänge, und weil ihr exotisches Leben nirgendwo zum Ausdruck gelangen konnte als in Gestalt von Händen, Ohren und Kehle, hatte sie ihre Kehle in Spitze gewandet, hoch hinauf, bis an die Ohren, und erinnerte solchermaßen an die Göttliche Sarah, und an ihren Händen steckten viele, viele Ringe.

Sie saß jedoch nicht gut, nicht, wie ich gehofft hatte, den einen Fuß vor den anderen gesetzt, sondern ihre Beine bildeten ein gleichschenkliges Dreieck, und der Rist zeigte Flut an.

Sie sprach aber ein sehr hübsches Französisch, wobei sie den Kopf zur Seite geneigt hielt, denn sie hatte das Profil einer noch ungebrochenen Schönheit, und das Arrangement von Spiegeln bewies, daß es in diesem Haushalt jemanden gab, der sich dessen bewußt war.

Hier waren all jene »Unterschiede«, die man herbeifleht, in »ein- und demselben« Leben versammelt; der schlechte Geschmack, die Gezwungenheit, wo man sie am wenigsten erwartete, das Schwelgen in Alltäglichkeiten, die ganze Art, wie die Straße ausgesperrt wurde, die Art, wie das Sonnenlicht eingelassen wurde, die Art, wie Madame den Kopf hielt, auch die Tatsache, daß ihr Gatte, ein kleiner ergrauender Mann mit durchdringendem Blick und Bart, haargenau in der Mitte eines weißen Felläufers stand und die Hände gegen einander legte, als trügen beide das Geheimnis seines Erfolges in sich und schwiegen sich vor einander darüber aus.

Und das war noch nicht alles. Die Tochter, ein Kind in den allerersten Backfischjahren, wurde von ihrem eigenen

Salon im zweiten Stock, wo sie gerade die jüngere Geburtshelfergeneration zu Gast gehabt hatte, heraufgerufen, nur um der »hübschen Ausländerin« guten Tag zu sagen.

Ein Kind mit dunklen Zöpfen, die zurückgenommen und mit unauffälligen schwarzen Atlasschleifen gebunden waren – ein richtiges Baby in kurzem Rock, das nichtsdestoweniger herzlich lachte, als seine Mutter eine ziemlich unanständige Kriegsgeschichte erzählte, die einen Angriff auf die Tugendhaftigkeit der Familie beinhaltete, und das mit einem äußerst persönlichen Blitzen in den Augen von internationalen Affären sprach und mich schließlich mit der in bezauberndem Englisch gemachten Bemerkung zur Tür geleitete: »Ich hoffe, Sie werden in Paris ordentlich zu leiden haben!« Wenn ich auch sicher bin, daß sie zu jung war, um zu wissen, wie scharfsinnig ihre Worte waren.

»Waren sie nicht himmlisch?« fragte der Professor, und ich pflichtete ihm bei, dachte jedoch, wenn ich je mit Kindern in Kontakt kommen sollte, die noch im boshaften Alter waren, dann würde ich denen keine Legende von Paris liefern, es sei denn, jemand hätte mir auf Leben und Tod versprochen, daß man ihnen niemals einen Frankreichbesuch gestatten würde.

»Hier«, sagte der Professor für Romanische Sprachen, »brauchen Futurismus, ungebundene Verse und dieser ganze moderne Plunder sich nicht zu Wort zu melden. Unsere Stadt ist mit guten Absichten gepflastert, nur mit dem Unterschied: der Bürger setzt sie mit jedem Schritt in die Wirklichkeit um.«

Alles im Leben will verdient sein, oder wie unsere Tanten sagen würden, alles hat seinen Preis, und das Leben der Franzosen scheint schwindelerregende Löhne kassiert zu haben, denn während sie es einerseits für sehr schlau halten, den Amerikaner zu kopieren, haben sie gleichzeitig alle den Ausdruck von Menschen, die sich der Täuschung hingeben, früher oder später werde die Kopie vergolten werden müssen.

Als ich eines abends mit dem Professor den Boulevard St. Germain herunterlief, sagte ich, die Vervielfältigung von Paris habe seine Zerstörung bewirkt, und als er mich fragte, was ich damit meine, – allzuviele Menschen hätten über Paris berichtet – es habe den Ruf einer allzu schönen Frau. Man solle sich der Schönheit von Frauen, Städten oder Religionen niemals über Rufweite hinaus nähern.

»Wir haben zuviele tausende von Meinungen zu verwerfen, und im Verlauf der unvermeidlichen Verwerfung geht zu vieles dahin. Es ist kaum mehr ein Schnipsel übrig.«

»Aber«, sagte der Professor, »bedeutet das Historische Ihnen denn gar nichts? Nehmen wir beispielsweise Napoleons Grabmal – beschwört das denn keinerlei Bilder in Ihnen herauf?«, und ich sagte: »Das ist wie das Kanonenabschießen über einem von Leichen erstickten See, nicht eine Leiche wagt es, dem Ruf zu folgen, und so liegen sie immer noch alle, und das schleppt.«

»Nun ja, aber der Jardin du Luxembourg –«

Ich sagte, er sei all das, was ich mir unter ihm vorgestellt, doch nicht ganz das, was ich erhofft hätte.

»Aber die schönste Gartenanlage der ganzen Welt sind doch wohl die Tuilerien?«

Ich sagte, das sei vielleicht so, wenn man rein auf Schönheit aus sei und nicht auf Assoziationen, und ich fügte hinzu: »Ich brauche meine kleine Assoziation, da ich nun mal eine Frau bin.«

»Na schön«, sagte er, »was ist dann mit dem Vogelmarkt, dem Blumenmarkt und den Märkten, wie sie von Zola geschildert werden?«

Der Vogelmarkt

Der Blumenmarkt
an der Place de la Madeleine

Ich antwortete ihm, der Blumenmarkt lasse mich vergleichsweise kalt. »Denn einmal«, sagte ich, »hatte ich einen Freund, dem ich Blumen schickte, und nun, da ich keine mehr schicken darf, gehören Blumen für mich zu den Dingen, über die ich besser nicht nachdenke«, und ich setzte hinzu, der Vogelmarkt löse in mir Empfindungen aus, denen ich nicht nachgeben könne. Ich hätte nämlich gern fünf zierliche Freundinnen, denen ich sie schicken könnte. Fünf kleine Mädchen, die mit geschlossenen Augen und geöffneten Händen in einer Reihe sitzen müßten, um fünf sich auf der Stange drängende Hänflinge in Empfang zu nehmen. Und wenn mir dies nicht gelänge, dann hätte ich gern fünf kleine Elstern an fünf sterbende Königinnen gesandt, und jede Elster müsse dann das Grab einer melancholischen Kehle oder einer rotbrüstigen Drossel sein, und das Wort auf dem Sterbebett müsse unter dem Geriesel gelber Federn aufsteigen.

»Und was nun die Gemüsemärkte und Märkte angeht, wo Fisch und Lebern und Hirne in Tümpeln ebenso kalten wie schönen Blutes liegen, über all diese Dinge mag ich überhaupt nicht nachdenken, denn kein geringeres Auge als das des Meisters sollte je wieder auf sie fallen. Sowie einem Gemüse einmal Gerechtigkeit widerfahren ist, braucht es weder Nachdenken noch Vorüberlegung und sollte so unabsichtlich wie möglich gegessen werden.«

»Aber die historische Blumenfrau –« versetzte der Professor.

»Ach«, sagte ich, »das ist genau das Problem, sie haben ihre Geschichte während der letzten achtzig Jahre in nichts erneuert, will mir scheinen, und was die Blumen selbst angeht, bis hinab zum bedrückenden Rosa, so haben sie sämtlich ihre Vergangenheit genossen, ehe man noch die verlangten fünfzig Centimes bezahlt hat.«

»Und wie steht's mit unseren Theatern?«

Ich antwortete, die Theater fände ich sehr langweilig, weder frech noch nackt. »Sie können bis aufs Letzte entblößen, was Ihre Mutter Ihnen mitgegeben hat, und ich werde noch immer absolut nicht davon überzeugt sein, daß so etwas wie Nacktheit existiert«, fügte ich hinzu, um meinen Worten Nachdruck zu verleihen. »Was nun den unanständigen französischen Witz angeht«, fuhr ich fort, »so befinde ich mich vielleicht im siebten Daseinszyklus, denn ich habe einwandfrei festgestellt, daß ich besser vorwegnehme als andere schließen.«

»Aber die ›Folies Bergère‹?«

Ich sagte, es betrübe mich ein klein wenig, amerikanische Lieder in europäischen Vorstellungen vom Dümmlichen wiederzuentdecken, und die Elsie-Janis-Nummer

In den »Folies-Bergère«

löse in mir das starke Empfinden aus, auf meinem eigenen Schiff in anderer Leute Teich unterzugehen.

Der Professor zahlte mir mit gleicher Münze heim. »Das mag ja alles durchaus stimmen, doch stellen Sie sich einmal vor, was ein Franzose empfindet, wenn er nach Amerika kommt und feststellt, daß jede Schauspielerin über vierzig auf französische Art zu lieben versucht.«

Ich sagte: »Ich nehme an, Sie würden auf eine grandiose, internationale Weise leiden.«

Er sagte: »Nein, es ist nicht eigentlich leiden, es ist eine Art von nicht vergoltenem Haß.«

Eine Weile liefen wir schweigend weiter. Als wir ans untere Ende der Stadt gelangten, dorthin, wo der Schatten von Notre Dame den ganzen Dreck und die Verzweiflung heiligt, ruhten wir uns aus. In der Dunkelheit des Quais arbeitete eine Frau an einer Matratze und, greifbarer für uns, rasierte ein zerzauster Mann einen anderen, indem er das rostige Rasiermesser in eine flache Schale mit dunklem Wasser tauchte, die auf den Stufen stand, die in die Außenwelt hinaufführten.

Der Professor wischte sich den Schnurrbart mit einem makellosen Taschentuch und sagte: »Was die Theater angeht, wissen Sie, während der heißen Jahreszeit nehmen sie die Glanznummern immer 'raus –«

Ich dachte jedoch an die beiden alten Männer, die einander rasierten, während die Welt sich weiter drehte, denn schließlich und endlich wird das Männerhaar trotz Friedensvertrag und Kampf um die Vormacht in Irland weiterwachsen.

Der Professor erklärte mir, das französische Volk erledige alle ausschlaggebenden Dinge neben der Seine, von der Wissenschaft bis zur Liebe, und jene Dinge, die das

An der Seine

Gewissen anrühren, werden alle einen Steinwurf weit von Unserer Lieben Frau verrichtet, denn deren Nähe bedeutet ewiges unverlangtes Verzeihen.

Als der Professor mit seiner Erwiderung fertig war, fragte ich ihn, wer denn die Bücher kaufe, die es den Quai entlang für etwa einen Centime zu kaufen gäbe, und er sagte:

»Amerikanische Dramenautoren, die Schlafzimmerklamotten schreiben; Autoren, die Frauen in Ohio schildern, die ihre Korsetts ablegen, und alle Poeten, die einen Grund suchen, um Prosa zu schreiben.«

»Und die Schwerter und Feuerwaffen?«

»Die«, sagte er, »werden von Frauen mittleren Alters aus Connecticut gekauft, die allzu sehr unter dem Mangel an Zielscheiben gelitten haben ...«

»Und die Orden?«

»Die«, antwortete er nach einem Augenblick lächelnden Schweigens, »werden von gerade mal Halbwüchsigen gekauft, die sich Napoleon in physischer Hinsicht anders vorgestellt haben.«

Dann stellte er mir eine Frage: »Was halten Sie von unseren Läden?«

»Der Bon Marché, die Galéries Lafayette, Printemps, das Louvre –«, ich zuckte die Achseln, »gräßlich, wie unsere schlimmsten Warenhäuser an einem arbeitsfreien Nachmittag.«

Er antwortete: »Natürlich fällt es keiner Französin, die sich auskennt, ein, solche Häuser aufzusuchen – sie geht in die kleinen, exklusiven Läden. Zu Paquin beispielsweise.«

Ich sagte, die französischen Morgenröcke von Paquin seien sehr schön, setzte jedoch hinzu: »Sie treten an die Stelle unserer Gewänder für die Ordenseinkleidung, sie scheinen nicht für das allgemeine Publikum gedacht.«

»Gibt es denn gar nichts, was Ihnen gefällt?« forschte er.

»Oh doch, mir gefällt die Ernsthaftigkeit, mit der ihr eure Parfüms, Puder, Rouges, Kosmetika welcher Art auch immer verwendet, und ich mag eure Cafés, und ich mag eure frühen Italiener und deren dahingeschwundene Christusse und Madonnen, und ich mag eure Kirchen, wie schon gesagt, und ich mag die Art, wie Ihr geht, besonders die Männer, mit einem gewissen Respekt für die Art, wie die Beine befestigt sind – wir Amerikaner gehen zu sehr vom Knie aus –, und ich mag Cluny.«

An diesem Punkt des Gesprächs, nachdem ich eine Schachtel jener bunten durchsichtigen Drops gekauft hat-

Das Musée Cluny

te, auf deren Herstellung die Franzosen sich besser verstehen als auf das meiste sonst, erzählte ich ihm, wie sehr ich Cluny geliebt hätte, bis ich, auf meiner Wanderung durch seine Flure und treppauf, treppab, wobei ich in seine Schachtel mit alter Spitze und den Stiefeln einer vergangenen Generation schaute, ausgerufen hatte: »Wo ist denn Thaïs?« und unaufhörlich gerufen hatte, bis der Wärter sich ziemlich sicher war, daß ich verrückt geworden sei, und mich zu dem Raum dirigierte, wo die Eisenwaren aufbewahrt werden, die niemals wirklich die Besorgnis eines Gatten beschwichtigten, wenn er in die Schlacht zog. Ich betrachtete Rüstung und Feuerwaffen und Töpferwaren und die Sättel, und als ich ihnen den Rücken kehrte, war der Schrei in meinem Herzen noch immer nicht verstummt.

Denn, so sagte ich, ein kleiner Junge in New York habe mir erzählt, in irgendeinem der Museen liege der Leib der wunderschönen Frau – von vergänglichem Fleisch und unsterblicher Legende –, und ich sei mehr ihrethalben nach Paris gekommen als sie meinethalben und darin liege mein Ergötzen ebenso wie meine Qual.

»Ich wußte gar nicht, daß das eine lebende Person war«, sagte der Professor, »ich dachte, sie sei eine Hoffnung und ein Grund zur Verzweiflung.«

Ich erwiderte, sie sei alle drei Dinge gleichzeitig gewesen, und daran schloß sich eine lange Diskussion an, in die drei Gendarmen und zwei Bürger mit hineingezogen worden waren, alle mehr oder minder sicher, daß von diesem schönen Geschöpf nichts im Sinne eines greifbaren Andenkens übriggeblieben war, zumal das Geschöpf die Flüchtigkeit besaß, die jenseits männlicher Passionen und der dazugehörigen Tränen lag.

»Wir haben jedoch wunderhübschen Krimskram«, sagte der Wärter, und ich erwiderte, das glaubte ich ihm aufs Wort, und ging hinaus durch die Gärten mit ihren halbzerstörten Satyrn und Jungfrauen, die im hohen Gras umherlagen, so unbehelligt wie die Toten, so daß die Kinder und die Kindermädchen mit einer respektvollen Scheu zwischen ihnen spielen konnten, die keiner staatsbürgerlichen Ermahnung bedurfte.

»Waren Sie am Montmartre oben?«

Ach, ja, ich war auf seinen endlosen kleinen Hügeln gewesen, und eines Abends hatte ich dort mit einem jungen Mann vom eher ernsthaften Typ gegessen, der sich nicht davon abbringen lassen wollte, Edith Wharton und Ezra Pound ins Gespräch einzubeziehen.

Ich hatte keine Lust, ihm zuzuhören, ich wollte gern den dunklen Drachen anschauen, dem das Lokal gehörte, eine schwerfällige Frau mit jener sehr französischen Geste auf der Oberlippe – einem Schnurrbart –, die uns brachte, was wir hätten bestellen sollen und zu bestellen unterlassen hatten, in der Hoffnung, es sei das, was wir mochten und mögen sollten.

Doch wie die meisten Lokale – die der Ausländer mühelos finden kann –, so war auch dies verdorben durch

Frauen, die Englisch mit Männern sprachen, die auf Amerikanisch antworteten.

Danach war ich zur ›Hölle‹ gegangen, ein Café in der Aufmachung der infernalischen Sphären – wie ein an einem Minderwertigkeitskomplex leidender Mensch sie sich vorgestellt hätte –, wo den ganzen Abend über nichts Teuflischeres stattfand als ein Akt, bei dem Sankt Petrus das Goldene Kalb auf unangemessene Weise küßte und eine Dame, »nackt bis auf den Namen«, sich unermüdlich auf einer Platte drehte, die den Auftritt in einen trüben Spiegel reflektierte, während die Städter und die Vorstädter die Hände, jederzeit abrufbar, zwischen die Knie legten und röhrten.

Danach war ich zum Bal Tabarin gegangen, wieder mit einem jungen Mann, der mich als Stern für eine Fußnote haben wollte, und bei dieser Gelegenheit vernarrte ich mich ungeheuer in den Hals einer Dame.

Ach, was für ein Hals! Er stieg von ihrem Körper auf wie eine elegante Säule und mündete in anmutigem Bogen in einen Kopf von einem wundervollen Blaßgold, und die Wange des dazugehörigen Gesichts, das sich ein wenig mal hier-, mal dorthin wandte, war von einem Puppenrosa wie ein Gemälde von Demuth, und als sie mir vollends ihr Profil zukehrte, nahm die Nase den Schwung der Kehle wieder auf und schwang sich, nach elliptischem Wiederabstieg, unvermittelt in einen Mund von katzenhafter Weiche hinüber.

Vielleicht passierte dies alles auch keineswegs, vielleicht war es das, was ich mir erhofft hatte. Wie dem auch sei, alles verschwand, als diese Dame lächelte. Sie lächelte in das Gesicht ihres bierseligen Partners hinauf (in Paris wird mehr Bier getrunken als in Berlin), eines Mannes, den ich um des Zaubers dessen willen, als das sie sich vermeintlich gleich herausstellen würde, gar nicht gesehen hatte, und alles war vorbei, denn ich entdeckte, daß die ganze Front ihres Mundes in selbstvergessenem Gold gehalten war, und dann bemerkte ich ebenfalls, daß das handfeste Spitzentaschentuch in ihrer mageren Hand sehr schmutzig war, daß sie irgendeinen schrecklichen Cockney-Dialekt sprach und einen Augenblick später nur auf einem Hocker an der Bar sitzen konnte, ein Bein auf den Boden gepflanzt wie eine erschlaffte Säule in durchsichtigem Wasser.

Die Frauen in europäischen Theaterdarbietungen verstehen sich nicht aufs Tanzen, das hatte ich herausgefunden, und diese Frau, die mich mit Hilfe eines wunderbaren Halses hereingelegt hatte, und ihre stämmigen Partnerinnen sollten mich bis ins Letzte davon überzeugen.

Diese drei Frauen sollten programmgemäß einen Ausdruckstanz vollführen. Sie scharten sich um eine Kunstharzpfanne, wobei sie mit den Füßen im Staub aufstampften (sehr nach Art von Hennen in einem Kehrichtkasten), und sich vorneigten, um den Feuerhakenfuß zu machen. Die beiden Stämmigen hatten auf der anderen Seite des Raumes gesessen und dabei genau wie Tweedledee und Tweedledum ausgesehen, eine gefälschte Champagnerflasche, die schräg aus einem Kübel mit nachgemachtem Eis herausragte, vor sich, wobei jede den rechten Fuß über den Rist des linken gelegt und einen Ausdruck liebenswürdiger Boshaftigkeit im Gesicht hatte.

Sie warfen ein wenig die Beine, das stimmt schon, doch zeigten sie dabei nur sehr schmuddlige Rüschen, die sich irgendwo in der Baumwolle verloren, und wenn sie sich umwandten, dann taten sie das mit einer eigenartigen Langsamkeit, die keinerlei wie auch immer geartete Beziehung zur Musik hatte, und wenn sie die Musik nicht genügend mochten, dann tanzten sie gleich gar nicht und verharrten in der jeweiligen traumverlorenen Haltung, in die der letzte angenehme Akkord sie versetzt hatte, bis sie einen anderen aufgabelten, der mehr nach ihrem Geschmack war.

Doch nein, es läßt sich nicht angemessen schildern. Wieviele Male habe ich nicht versucht, das für meine Freunde von Greenwich Village zu tun (die man nachmittags immer in der Rotonde antrifft), und bin damit gescheitert.

So scheine ich denn endlich am Ende meiner Pariser Tage anzugelangen, und es geht mir etwas im Kopf herum und beunruhigt mich, wie ein Eichhörnchen im Käfig, etwas, das immerfort herumwirbelt und gern erzählt würde.

Ist das vielleicht die Geschichte vom Zimmermädchen in der Rue Jacob? Der, die mir jeden Morgen das Frühstück brachte und einen jener steifen, kleinen Besen unterm Arm hatte, den sie eng an ihre feste Brust gepreßt hielt.

Ich hatte manche schwierige Stunde mit dieser jungen Frau – sie kann nicht älter als fünfundzwanzig gewesen sein –, denn sie war voller Energie und erbaulicher Einfälle, doch zum Glück für die immer noch taugliche Generation mußte sie sehr hart arbeiten, und so traf man sie jeden Morgen auf dem Treppenabsatz, wie sie an riesigen Stiefeln herumwienerte, die französischen und amerikanischen Offizieren gehörten, und während sie wienerte, jammerte sie ständig zwischen prächtigen Zähnen hindurch: »Toujours travailler!«

Oder ist es die Geschichte von L. L. – dem jungen Mann aus den Schweizer Bergen, der mich eines Tages zum Mittagessen ausführte und über seinem Hummer weinte, und dabei das eine oder andere ›mot‹ über die Traurigkeit des Lebens und die Unzuverlässigkeit der Frauen fallen ließ, während er zwischen den Scheren von einer Affäre zwischen einer greisenhaften Prinzessin und ihrem Schornsteinfeger erzählte, die er eingefädelt hatte?

Oder ist das die Stunde zwischen den beiden, wo ich mich aufmachte, um ein norwegisches Armband für eine sehr kleine Freundin von mir zu finden, und doch nur der Verzweiflung anheimfiel, denn der Pariser Abend ist angefüllt vom Lärm junger Männer, die auf den Bürgersteigen Purzelbäume schlagen, und von Kindern, die sich Mühe geben, nicht aus ihren Kleidern herauszuwachsen, ehe sie die um die Ecke nach Hause geschafft haben, und dann wallt da ein Dunst, während man in regelmäßigen Abständen Wasser hört, wie es tropft, tropft, tropft.

Und ich sage mir, soll ich der Welt nun erzählen, was Paris alles für mich bedeutete, oder soll ich sie in ihren Klubs, in ihren Bibliotheken sitzen lassen mit Mark Twain und Arthur Symons auf den Knien und solchen abfälligen Skizzen, wie sie nur aus den ätzenden Federn von Frauen getropft sein können, während sie alles lernen, was die Amerikaner zur Kenntnis zu nehmen versäumt haben, von einer Gartenurne?

Ich weiß es nicht.

Das Insekt kann bloß zehn Schritte fliegen, im Schwanz aber eines edlen Rosses kann es tausend Meilen zurücklegen.

Aus dem Mongolischen

James Joyce

In Dublin gibt es Männer, die erzählen einem, eine große Stimme sei von Irland fortgegangen, und ein paar Frauen gibt es, an denen die Jugend ihr Recht verloren hat, die setzen hinzu: »Einen Abend sang er und am nächsten nicht, und das war ein Schweigen wie kein zweites!« Denn die Singstimme von James Joyce, Verfasser von *Porträt des Künstlers als junger Mann* und *Ulysses*, war angeblich unvergleichlich.

Daß Joyce einst ein Sänger war, mag sich beim oberflächlichen Lesen seiner Bücher gar nicht offenbaren. Vielleicht muß man einen jener seltsam weltabgeschiedenen Abende mit ihm verbracht oder Passagen seines *Ulysses* während dessen Erscheinen in der *Little Review* gelesen haben, um das Singende seiner Worte zu hören. Denn die Tradition sieht vor, daß ein Sänger eine Spur Bravade hat, diese freudige Art, erst den rechten und dann den linken Fuß vorzusetzen, und ein paar Seufzer in petto, die mit einem Keuschheitsgelübde nur schwer zu vereinbaren wären. Joyce hat von alldem nichts.

Ich hatte *Dubliner* während des Krieges über meinem Kaffee gelesen. Ich war gerade lange genug Mitglied von Spielplanausschüssen gewesen, um die Inszenierung von *Verbannte* vorschlagen zu können, seines einzigen Stückes. Das *Porträt* war, unter wechselnder Zuhilfenahme der Ellenbogen, in einem Zug genossen worden, doch erst als ich seinem letzten Werk begegnete, hörte ich den Sänger heraus. Etwa aus solchen Zeilen: »So standen beide eine Weile in blasser Hoffnung da und trauerten umeinander«, oder: »Dorthinüber trugen übergroße Karren die Fülle der Felder, kugelrunde Kartoffeln und schillernden Kohl, und Zwiebeln, die Perlen der Erde, und rote, grüne, gelbe, braune und rostfarbene, süße, große, bittere, reife und kernige Äpfel und Erdbeeren, die auf Fürsten warteten, und Himbeeren frisch von der Ranke.« Oder da ist, noch besser, die Sangeslaune in jener köstlichen Hinrichtungsszene, wo der »gelehrte Prälat im höchst christlichen Geist in einer Regenpfütze kniet«.

Ja, damals ging mir auf, daß Joyce das Leben tatsächlich als Sänger, und zwar als ein sehr zartbesaiteter Sänger, begonnen haben mußte. Und weil keine Stimme auf die Dauer gegen die Grausamkeiten des Lebens ansingen kann, ohne zu brechen, wandte er sich Feder und Papier zu, denn so konnte er, in gebotenem Schweigen, die Überfülle der Unzulänglichkeiten als Juwelenauslage arrangieren – Juwelen mit einem Hang zu Moder und Verfall.

Doch von Joyce, dem Menschen, hat man nur sehr wenig gehört. Ich hatte eine Fotografie von ihm gesehen – der Kragen umschloß den dünnen Hals, der Bart, damals üppiger, stieg in den Abgrund der verborgenen Hemdbrust hinab. Man hatte mir erzählt, er sei am Erblinden, und wir in Amerika erfuhren von Ezra Pound, daß »Joyce der einzige Mensch auf dem Kontinent (sei), der weiter produktiv (sei) und, trotz Armut und Krankheit, täglich zwischen acht und sechzehn Stunden (arbeite)«. Ich hatte gehört, Joyce habe eine ganze Reihe von Jahren an einer Schule von Triest Englisch unterrichtet – und das ist beinah schon alles. Was seine Gewohnheiten, seine Vorlieben und Abneigungen anging – nichts, es sei denn einer war so kühn, aus den Tatsachen, die sich im Gebrodel seines *Ulysses* hinter einer Unmenge unglaublicher Dinge verbergen, irgendeinen Schluß zu ziehen.

Und dann, eines Tages, kam ich nach Paris. Ich saß im Café Aux deux Magots, das auf die kleine Kirche Saint-Germain-des-Prés hinausgeht, und sah, wie sich aus dem feuchten Nebel ein großer Mann löste, der, den Kopf leicht gehoben und abgewandt, dem Wind ein wohlgeordnetes Durcheinander von rotem und schwarzem Haar überließ, das sich an einem vorgereckten Kinn in einem schütteren Keil fortsetzte.

Er trug einen blaugrauen Mantel – der wirkte zu jugendlich, teils weil er die Mantelschöße zurückgeworfen hatte, teils weil der Gürtel, der ihn zusammenhielt, eine volle Handbreit über den Hüften saß.

In dem Augenblick, als ich ihn sah, schoß mir die Bemerkung eines seiner schwärmerischen Verehrer durch den Sinn – »Ein Mann, der wie kein zweiter Schriftsteller unseres Zeitalters ans Kreuz seiner Sensibilität geschlagen worden ist«–, und ich sagte mir: Eine merkwürdige Art, einen Mann zu erkennen, den ich noch nie zu Gesicht bekommen habe.

Weil er vom Verbot der *Little Review* wegen des *Ulysses*-Abdrucks gehört hatte, setzte er sich zu mir, die ich mit der ganzen Geschichte vertraut war, und bestellte einen Weißwein. Er begann sofort zu reden. »Das Bedauerliche ist«, sagte er und schien seine Worte mehr um ihres Alters als um ihrer Angemessenheit willen zu wählen, »das Publikum wird von meinem Buch eine Moral verlangen und sie

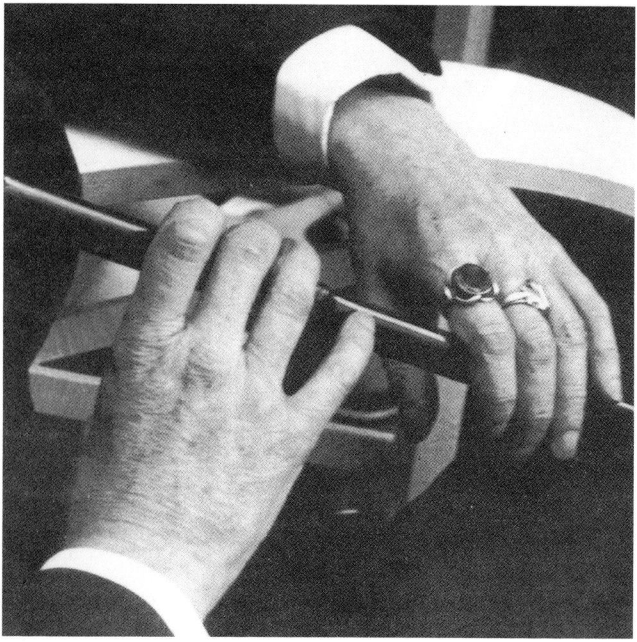

darin auch finden – oder schlimmer noch, man wird darin womöglich etwas sehr Ernsthaftes erblicken, und ich gebe Ihnen das Ehrenwort eines Gentleman darauf, daß sich darin nicht eine einzige ernsthafte Zeile findet.«

Einen Augenblick lang herrschte Schweigen. Seine Hände – die sich beim anfänglichen Händeschütteln eigenartig schlaff angefühlt hatten, die seltsam fleischig waren und im Verhältnis zum Handgelenk erstaunlich schwer – lagen die eine um den Stiel des Weinglases, die andere, in Vergessenheit geraten, nach außen gekehrt an der herrlichsten Weste, die zu sehen ich je das Glück hatte. Purpurroter Grund und darauf abwechselnd Reh- und Hundeköpfe. Die Rehe mit winzigen leuchtend roten Zungen, die über gelbe Unterlippen hingen, in leichter Wolle flaumig gestickt, und die Hunde nicht blutrünstiger oder spürnasiger als sonst irgendein Tier, das seinem Herrn durch alle sieben Lebenszyklen hindurch in Treue anhängt.

Er bemerkte meine Bewunderung und lächelte. »Handgearbeitet von meiner Großmutter zur Eröffnung der Jagdsaison.« Wieder trat Schweigen ein. Er nutzte es, um sich eine Zigarre zurechtzumachen und anzuzünden.

»Alle großen Schwätzer«, sagte er leise, »haben in der Sprache Sternes, Swifts oder der Restaurationszeit gesprochen. Sogar Oscar Wilde. Er studierte die Restauration morgens durch ein Mikroskop und gab sie abends durch ein Teleskop wieder.«

»Und im *Ulysses*?« fragte ich.

»Da sind sie alle drin, die großen Schwätzer«, antwortete er, »sie und die Dinge, die sie vergessen haben. Im *Ulysses* habe ich festgehalten, was ein Mensch sagt, sieht, denkt, alles gleichzeitig, und wie sich solches Sehen, Denken, Sagen auf das auswirkt, was ihr Freudianer das Unbewußte nennt – was allerdings die Psychoanalyse angeht«, schloß er, »die ist weder mehr noch weniger als Erpressung.«

Er hob den Blick. Seine Augen haben etwas Unscharfes – dieselbe Blässe, wie man sie an Pflanzen feststellen kann, die lange der Sonne entzogen worden sind – und manchmal etwas Mokantes, das mit einem Hochziehen und Vorwölben der Oberlippe einhergeht.

Man sagt ihm nach, er sehe gleichzeitig traurig und müde aus. Er sieht zwar traurig aus, und er sieht auch müde aus, doch ist das die Traurigkeit eines Mannes, der ein mittelalterliches Anrecht auf eine Betrübnis erwirkt hat, die ohne Zeit ist und ohne Ort; es ist die Müdigkeit eines Mannes, der sich aus freien Stücken der Schaffung einer Überfülle in der Beschränkung verschrieben hat.

Wenn man mich fragte, welches James Joyce' charakteristischste Pose sei, würde ich sagen, die Kopfhaltung; sie reicht weiter als der Widerwille und nicht ganz so weit

 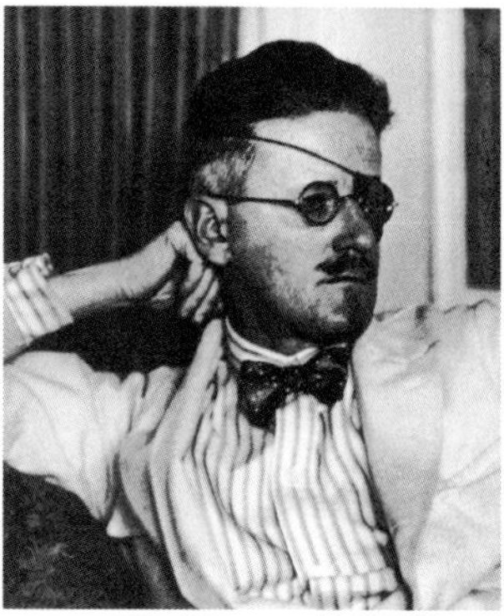

*»... über dem einen Auge eine Klappe,
mit edler Nase und ...*

wie der Tod. So weit treibt er diese Gebärde seines Mißvergnügens nicht, doch wenn sie überhaupt mit etwas zu vergleichen ist, dann mit dem Anblick der Kehle eines waidwunden Tieres. Darüber hinaus, würde ich hinzufügen, stelle man sich ihn als einen schwergebauten und dabei dünnen Menschen vor, der dünnen kühlen Wein trinkt und dabei die Lippen fast in seinem hohen, schmalen Kopf versteckt oder die ewige Zigarre raucht, die er ein wenig über Schulterhöhe hält und niemals bewegt, bis sie verbraucht ist; stattdessen führt er den Mund an sie heran, um ruckartig die gelben Rauchschwaden ausstoßen zu können.

Weil man ihm keine Fragen stellen darf, muß man ihn kennen. Ich hatte das Vergnügen, während meiner vier Monate in Paris viele Male mit ihm reden zu können. Wir sprachen von Flüssen und von der Religion, vom instinktiven Einfallsreichtum der Kirche, die für den Gesang ihrer Hymnen die Stimme ohne ›Untertöne‹ – die Stimme des Eunuchen wählte. Wir sprachen über Frauen; was das betrifft, scheint er ein bißchen uninteressiert. Wäre ich eitel, würde ich sagen, er hat Angst vor ihnen, doch ich bin mir

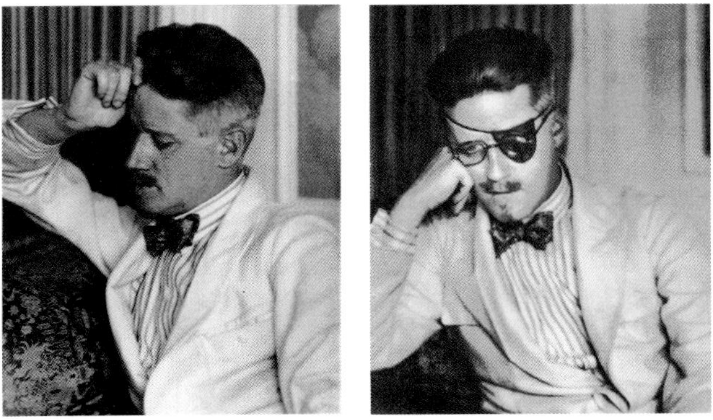

... kleinem, gequältem, höhnischem und störrischem Mund ...«

sicher, er hegt nur leise Zweifel an ihrer Existenz. Wir sprachen über Ibsen, Strindberg, Shakespeare: »*Hamlet* ist ein großartiges Stück, ganz aus dem Gesichtswinkel des Geists geschrieben«; und über Strindberg: »Kein Drama hinter dem hysterischen Gerase.«

Wir sprachen vom Tod, von Ratten, von Pferden, vom Meer; von Sprachen, Klimaten und Opfergaben. Von Künstlern und von Irland. »Die Iren sind Menschen, die niemals Führer haben werden, denn im entscheidenden Augenblick lassen sie die immer im Stich. Sie haben ein einziges Skelett hervorgebracht – Parnell – und niemals einen Mann.«

Manchmal hatte er seine Frau Nora und seine beiden Kinder dabei. Kräftige Kinder, fast so groß wie er, und Nora wandelt unter schönem rotem Haar und spricht mit einem Akzent ihrer Heimat, in dem das Grauen vor Irland mitschwingt; vor Irland als dem Ort, wo die Armut zur Kunst des Darbens geworden ist. Einem irischen Akzent, der ein wenig trotziger ist als der von Joyce, den die Zerstreutheit gezähmt hat.

»Groß, schweigsam und dünn,
mit einer altmodischen Würde ausgestattet . . .«

Joyce hat nur wenige Freunde, ist jedoch stets bereit, seinen Schreibtisch und seine weiße Hausjacke zu verlassen, um in ein ruhiges Café in der Nähe zu gehen und dort alles zu erörtern, was nicht ›künstlerisch‹ oder ›aufregend‹ oder ›neu‹ ist. Besucher haben ihn oft bis in die Nacht hinein schreibend angetroffen oder auch teetrinkend mit Nora.

»Nora wandelt unter schönem rotem Haar und spricht mit einem Akzent ihrer Heimat.«

Ich selbst fand ihn einmal der Länge nach auf dem Bauch liegend vor, als er gerade in einem Koffer voller Notizen für den *Ulysses* wühlte, die er in der Jugend gemacht hatte – denn, wie Nora sagt: »Er hat halt nun einmal diesen Fanatismus in sich, und der hört nie auf.« Einmal las er aus der *Legenda Aurea* (die er immer bei sich hat) und murmelte bei sich, der Heilige dieses speziellen Tages sei »ein rechter Satansbraten – läßt es einfach regnen, wo wir doch einen Spaziergang machen wollen«.

Wie immer es um ihn bestellt sein mag, er macht sich für den Abend frei, denn er ist einfach, ein Gelehrter, und hat an menschlichen Wesen nichts auszusetzen, wenn sie nur ihre Grenzen kennen.

Doch hat man ihn exzentrisch genannt, wahnsinnig, wirr, unverständlich, ja, und futuristisch. Man fragt sich, weshalb, wenn man bedenkt, was für einen herrlichen lyrischen Anfang die großartige rabelaisische Blume *Ulysses* hatte, dazu all die unbefangenen Nachträge, die es zu einem Blattwerk braucht, der dünne liebliche lyrische Ton von *Kammermusik*, die beiläufige Unausweichlichkeit von *Dubliner*, die Leidenschaft und Inbrunst von Stephen Dedalus, der sagte, er wolle allein durch die Welt gehen. »Allein, nicht nur getrennt von allen anderen, sondern ohne einen einzigen Freund.«

Er hat, wenn wir zulassen, daß Joyce Stephen ist, getan, was er gesagt hat. »Ich will dem nicht dienen, woran ich nicht mehr glauben kann, nenne es sich nun meine Heimat, mein Vaterland oder meine Kirche. Ich will versuchen, mich in meiner Kunst so frei und vollständig wie möglich auszudrücken. Dabei verteidige ich mich nur mit den Waffen, die ich mir selbst zugestehe: die Stille, das Exil, die List.«

Das ist ungefähr Joyce, und man fragt sich doch, ob Irland nicht endlich seinen Mann hervorgebracht hat.

Klagelied auf das Linke Ufer

Ich persönlich würde alles geben, was ich habe – außer dem, was es mir gegeben hat –, um wieder in dem Paris sein zu können, wie es war, und an einem Bistrottisch zu sitzen, der die gußeisernen Beine im Sägemehl der Schneckenkörbe stehen hat, mit dieser schlechtgebügelten, billigen Baumwolltischdecke, die breit über mein bestes Cape fällt – dieser Tischdecke mit dem verkrumpelten Saum, die durchtränkt ist vom Burgunder des Vortags –, eine Karaffe vin ordinaire vor mir, eine ovale Platte mit salade de tomates, eine Schale Kressesuppe, ein blanquette de veau, grüne Mandeln – was auch immer, nur um wieder das traurige, wütende Gebell der Taxihupen zu hören, die anmutig dahinfließende Sprache, wie sie von den Büroangestellten verplaudert wird, die zwei Stunden frei haben zum Essen und Diskutieren. Die wahllos an die Kioske gepflasterten theatralischen Plakate zu sehen, die Schmähschriften an der Stuckwand des Hauses gegenüber (die waren für Paris, was das Pasquill für Rom war). Das leichte Rascheln der Bäumchen in ihren Eisenkorsetts zu hören, wenn sie sich in die feuchte Luft schmiegen, den Knoblauch zu riechen und den argen gros bleu – die schlimmste aller Tabaksorten – oder einfach durch die Glasfront ins Innere der Restaurants zu schauen, wo, hinter der Theke, der patron um seine tüchtige Frau herumtanzt, das Orgelpfeifenregiment der Flaschen hinter sich – rot, gelb, grün, braun –, das der Spiegel wiederholt – und vor sich in angemessenem Abstand die Seeanemonen-Mägen der französischen Bürger, die, die Servietten um den Hals, mit ihren munteren Frauen reden, denen mit den niedrigen Brauen unter dem Fransenbesatz gestutzter Ponies, gekleidet in abscheuliches, ausdauerndes Schwarz, das gefältelt ist und staubig wie ein Armenbegräbnis, und über dem Ganzen das Gekräusel der Vokale und Konsonanten, klöppelspitzenfein und dabei unnachgiebig, lavierend zwar, doch in sich fest, eine Pflanze in fließendem Gewässer, denn das ist die an den französischen Geist geleinte französische Zunge.

Ja, das, und die Droschke vorbeifahren zu sehen mit dem verliebten Paar, schwarzer Handschuh preßt schwarzen Handschuh (die Franzosen führten ein denkbar unbeschwertes Leben in Volltrauer): an ihrem Hals das unvermutete Aufleuchten eines verspielten purpurroten Bändchens, in seinem Knopfloch ein Tropfen scharlachroter Zustimmung, und vor ihnen das Dunkelblau des Capes, das vom Leib des Kutschers modelliert wird, der schläfrig ist, schwerfällig und verläßlich, dabei jedoch angefüllt von lästerlichen Flüchen, die mit einem Schnalzen von Peitschen- und Zungenspitze hervorschnellen können.

Dann hinüberzugehen in ein nahegelegenes Café, auf einen Brandy, einen tilleul, einen Cointreau, wie man sich eben durch diesen besonders reizenden Verkehr mogelt – da sind die Automobile, Pferdedroschken, Wachsoldaten, denen Pferdeschwänze von der Helmkruppe herabfließen,

der blaublusige Arbeiter, das eilende Zimmermädchen, das schreiende Marktmädchen mit seinem armlangen Brot –, hinüberzuwechseln auf jene Insel der Kontemplation, in das Straßencafé, das Freiluftwohnzimmer Frankreichs.

Und das ist das wahre Geheimnis, das Geheimnis jenes großen, gefallenen Landes: die offene Gastlichkeit der Straße. Vier Wände ergeben einen Streit, eine Tragödie; die Straße macht daraus eine vorübergehende Störung.

Le Dôme
CAFÉ DU DÔ

TABAC

Hier kann man kommen und gehen. Wenn man Freunde trifft und sich nicht einig ist, bezahlt man seine Rechnung und geht; wenn man ›miteinander zurechtkommt‹, kann daraus jede erdenkliche Harmonie erwachsen. In einem Café kann man den aufgeribbelten Ärmel der Zeit wieder neu stricken oder so verbittert sein, wie man will, und das nur sich selbst zu verdanken haben. Kein Haus kann soviel für sich beanspruchen. Das Haus birgt Bitterkeit, die Straße nicht.

Nur wenige amerikanische Schriftsteller haben Paris als literarischen Hintergrund gewählt, obwohl Paris der Magnet war, der sie zu sich selbst hinzog, wie Breughels Genueser Hl. Antonius Flaubert nicht zu Genua hinführte sondern zu sich selbst. Barbusses *Le Feu* war verschlungen worden. Ford Maddox Ford skizzierte *No More Parades*. Dann gab es das deutsche *Im Westen nichts Neues*. E.E. Cummings machte mit *The Enormous Room* von sich reden. Aus Italien kam Hemingways A *Farewell to Arms*.

Und sonst?

Diejenigen, die es »nie zu etwas brachten« (die Familie schrieb stets in diesem Tenor), hätten es auch überall sonst nie zu etwas gebracht. Es war einfach nur lustvoller, es in Paris nie zu etwas zu bringen. Diejenigen hingegen, die es taten, machten den Eindruck, als hätten sie es auch dann »zu etwas gebracht«, wenn sie zu Hause geblieben wären. An Sinclair Lewis' Tür in der Main Street wird es auch so immerfort läuten. Sherwood Anderson hätte seine Schauplätze von Peking bis Puerto Rico legen können, seine Heldinnen hätten es doch auch weiterhin vorgezogen, im Maisfeld des Westens aufzuwachsen. Carl Sandburg hätte (wäre er rechtzeitig gekommen) im Restaurant Magny seinen Geist an dem Taines und der Gebrüder Goncourt wetzen können – doch Lincoln hätte die Rechnung bezahlt. Kann man sich etwa einen Steinbeck vorstellen, der

Ezra Pound

Ernest Hemingway

den Zorn seiner ganz speziellen Früchte um eines Tokayer oder Bollinger willen vergessen hätte? Einen Bromfield, der ein anderer Bromfield wäre?

Nein. Doch da gab es andere, die, obwohl allem Anschein nach ›schrecklich amerikanisch‹, das nicht hätten sein können ohne Paris. Ezra Pound wetterte lauthals gegen Amerikas Mangel an Ästhetik. Von Rapallo, von der Loire bis Orléans, von der Vaucluse bis zum Drôme hob er seinen roten Bart und sang seine provençalischen Cantos, gab, in die beklagenswerten Vereinigten Staaten zurückgekehrt, stürmisch die Entdeckung von James Joyce in der *Little Review* kund, verkündete England seinen Glauben an T.S. Eliot, seine Vorliebe für den Musiker George Antheil. Pound war ein hemmungslos großzügiger Mann, der, während er nach den Klängen des *Yankee Doodle* marschierte, Loblieder auf sämtliche guten Dinge in anderen Welten sang. Zu Hause wäre er nie so deutlich geworden.

Manche Autoren schrieben auch aus Heimweh (was ihnen gut tat); einige aus ›Sehnsucht‹ (dt.i.O.). Thornton Wilder dachte, während er mit seinem Busenfreund, dem riesenhaften Tunney, im Lipp's seinen formidable nippte,

Die Brasserie »Lipp« am Boulevard St.-Germain

an Madame de Sévigné und das ferne Peru, und hörte Gene Shakespeare intonieren. Edna Vincent Millay aß ihren Krebs, ihre rognons de veau oder Frösche (hoffe ich jedenfalls) und trank ihren vin rosé oder spülte die Schnekken herunter, die man Vorstadtgräbern abgelesen hatte, während ihr Gatte sich in die Seine stürzte, um eine Bürgerin zu retten, der der Sinn nach Selbstmord stand. Frankreich veränderte ihre Mägen, wenn nichts sonst. Die gerettete Mamsell wurde ihre Köchin.

Unter jenen Schriftstellern, die ihre Wurzeln fast gänzlich gekappt zu haben schienen, ragten drei heraus. Die erste war Natalie Barney, deren Salon in der Rue Jacob vielleicht am berühmtesten für seinen Mangel an Amerikanern ist. Miss Barney empfing französische Staatsmänner, alternde Philosophen, Dichter und hagere Damen aus dem Faubourg St. Germain und der Proust-Tradition. Hier drängten sich Titel und Höflinge zwischen den Kallas und balancierten Seeigel oder Sorbets, wie es die Umstände verlangten, während schöne blonde Damen in fließenden

Das Haus Natalie Barneys in der Rue Jacob 20

Gewändern an Harfen zupften. Eine weitere war Kay Boyle. Sie hat fast ausschließlich für andere Völker geschrieben, doch tat sie das, wie Amerikanerinnen schreiben, höchst treffend im Ausdruck, doch ein bißchen überspitzt. Und dann war da noch Julian Green. Es ist schwierig, etwas über ihn zu sagen: er war wirklich sehr seltsam. Er schrieb auf Französisch.

Unvergeßliches, gefallenes Paris! Wer hat es nicht für irgendetwas geliebt, das ihm keine andere Stadt bieten konnte! Was das nur war? Waren es die Jardins du Luxembourg mit den granitenen Königinnen, deren ausgestreckte Arme den Tauben als Sitzstangen dienten, mit den Kindern, die unter schnurgerade aufgereihten Bäumen spiel-

Natalie Clifford Barney

ten, waren es das Kasperltheater, die Reifen und Bälle, die lautlos und, scheinbar, von allein auf einem privaten Spaziergang dahinrollten? Waren es die in Vergessenheit geratenen Bistrots, an die sich immerhin Taxifahrer und Spatzen erinnerten? War es das Grabmal Napoleons, das den kleinen Körper in einem riesigen Sarg beherbergte wie ein stummes Klavier? Der cirque und die Jahrmärkte, die Bücherstände und antiquaires? Die verrückten und nervenaufreibenden Straßen, die unvergleichlichen Kathedralen und kleinen Kirchen? Auteuil und Longchamps, große Namen, die großartige Pferde beobachten? Die Museen, Cluny und das Carnavalet, das Guimet, wo Thaïs (auch wenn es gar nicht Thaïs ist) gesichtslos unter der Krone ihres rostroten Haars liegt? Oder die Champs-Elysées, die Couturiers und Parfumiers, der Blumenmarkt und der Vogelmarkt? Das alles eng verwoben mit der Zeit, einer Zeit, die als Tabak, Schokolade und Wein in die Nase stieg?

Seltsamerweise waren die einflußreichsten Gestalten im Leben der Schriftsteller jener Epoche eine Amerikanerin, ein Franzose und ein Dubliner: Gertrude Stein, Jean Cocteau und James Joyce.

Die Champs-Élysées

Gertrude Stein war schon vor dem Krieg in Paris ansässig gewesen. Sie hatte die ersten Zuckungen des Kubismus, die Geburt des Futurismus, den Durchbruch des Vortizismus und des Dadaismus miterlebt. Einst, in der Zeit von John Hopkins, hatte sie das Skalpell über dem menschlichen Körper geführt. Nun schwang sie es über dem Wörterbuch der englischen Sprache. Sie genoß es, das Publikum zu erstaunen: épater le bourgeois war ihr Vergnügen. Sie hatte *Three Lives* in verständlichem Englisch geschrieben; dem kehrte sie mit *Tender Buttons* den Rücken zu. Sie saß unter ihrem von Picasso gemalten Porträt in der Rue de Fleurus und erzählte ausgiebig, die Strümpfe bis auf die Knöchel heruntergerollt, eine prachtvolle, feierliche Kamee an ihrem prachtvollen, feierlichen Busen, so solide und selbstsicher wie ein Fels, mit einem Gesicht, das ›nahezu‹ unvergänglich war. Als eine der ersten hatte sie Picasso und die Musik Schönbergs und Mahlers gewürdigt. Jetzt gestand sie »eine Schwäche für Hemingway« und, in geringerem Maße, für die liebenswürdige Geschmeidigkeit Sherwood Andersons ein. Sie umgab sich mit unbekannten Jungen, die literarische Ambitionen hatten. In erster Linie förderte sie sich selbst. So sagte sie: »Ich und Henry James ...«

Manche im Quartier hielten sie für verrückt, andere nur für ermüdend. Desungeachtet hatte sie auf einige wenige tiefgreifenden Einfluß – ganz gewiß auf Hemingway. Wenn seine früheren Werke das nicht an die große Glocke hängen, *For Whom the Bell Tolls* tut es gewiß. So sagt Jordan, der Held des Buches: »Eine Rose ist eine Rose ist eine Zwiebel«. Später dann: »Ein Stein ist ein Stein ist ein Fels ist ein Felsblock ist ein Kiesel.« Wenn das nicht Würdigung und Porträt ist, was ist es dann? Kritischer Einwand? Jenes Wort »Kiesel« freilich ...

Hatte Frankreich Gertrude Stein gemacht? Nun ja, ihr Bruder Leo, der einer der führenden Kunstkritiker der Vereinigten Staaten gewesen war und obendrein ein bekannter Vegetarier, tauchte in Paris, der Stadt der Köche, auf und war immer noch Vegetarier. Es traf sich gut, daß die Steins bemittelte Leute waren. Gemüse und Picasso stehen in Paris in hohem Ansehen.

Im Jahr 1921 oder 1922 war Crommelyncks *Le Cocu Magnifique* das Entzücken der Boulevards, und Jean Cocteau fing an, Stadtgespräch zu werden. Bald kopierte alle Welt, was er sagte, aß, tat und trug. Robuste kleine Mädchen aus Polen bekamen Vapeurs, als sie hörten, er liege, bleich und still, in seiner Wohnung. Zarte Knäblein aus Virginia versuchten Opium. Cocteau war so en vogue wie eine neue ›création‹. Mit der Eröffnung des Boeuf sur le Toit (das

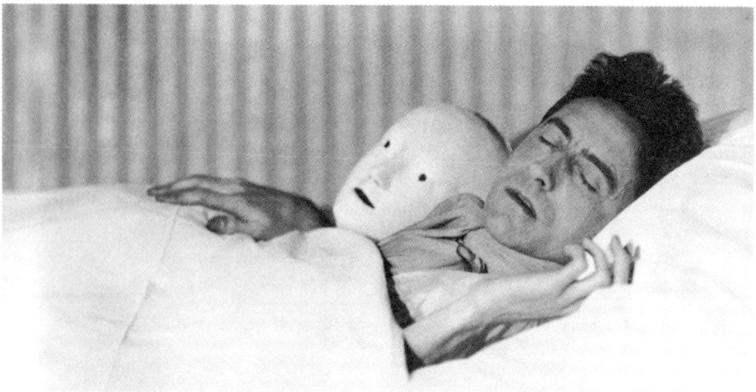

sich nach seinem Ballett nannte), erreichte das Cocteau-Fieber seinen Höhepunkt. Er war die bête noire der Dadaisten – Tristan Tzara, Phillippe Soupault, Paul Eluard, Jacques Baron, Robert Desnos und Louis Aragon – doch war er ganz entschieden das Entzücken der Jungen und Beeindruckbaren und, um die Wahrheit zu sagen, einiger weniger Achtzigjähriger.

Cocteau schien aus etwas gemacht, das älter war als das Fleisch; ein Entwurf aus Bein, tadellos ausgeführt wie ein spätgotisches Kirchenschiff. Seine Hände waren phantastisch, lang, schlank und rege, und sie bewegten sich um ihn herum, als seien sie unabhängig und neugierig. Später dann lagen sie in weißem Gips auf einem schwarzen Samtkissen in einer Ausstellung seiner Zeichnungen.

Verbindlich, bezaubernd, makellos, eingekleidet von Chanel, parfümiert mit Numéro Cinq, beschuht mit Antilopenleder, elegant und perfekt. Er sprach nur zu den wenigen Auserwählten. Er sagte: »Ich rehabilitiere den Gemeinplatz.« Seine Zähne waren der Haut sehr nah, seine Haut dem Skelett. Er sagte: »Le café-concert est souvent pur; le théâtre toujours corrompu!«

Er setzte seine tragische Muse auf ein Zirkuspferd. Fratellini und Hamlet begegneten einander. Griechische Sage, christliche Moralität und Jahrmarkt fanden sich vereint. In seinem *Orphée* kommt der Tod in den schwarzen Gummihandschuhen des Chirurgen zu Eurydice. Pferde steppten, Glaser waren zugleich Engel, und Madame Pitoëff spazierte mit weniger Herzklopfen rückwärts in die Spiegel als Alice bei ihrem Eintritt ins Wunderland. »Seine Beschwörer-Tricks«, sagte James Lover, »lassen, gerade weil sie weit davon entfernt sind, den Tod lächerlich zu machen, die Beschwörung schrecklich werden.«

Seine Erfahrung mit Opium wurde gedruckt, und eine erkleckliche Anzahl Menschen, die ihn niemals zu Gesicht bekommen hatten, griffen zu Pfeife und Kügelchen. Angeblich war er indirekt verantwortlich für den Tod eines Mädchens, das *Les Enfants terribles* gelesen hatte. Dies schockierende Ereignis brachte Cocteau auf einen Einfall. Er »brachte in Umlauf«, daß er demnächst einem Orden beitreten werde. Seine Anhängerschaft, vollständig bis fast auf den letzten Mann, betrat, himmlisch nach Numéro Cinq duftend, von Chanel eingekleidet und Antilopenleder am Fuß, auf Zehenspitzen die Kirche. Sorgsam zwei pucefarbene Handschuhe ausklopfend, ging Cocteau auf Zehenspitzen hinaus. Es nützte wenig: Eine neue Gruppe bildete sich, man rannte seiner Flötenmusik nach wie die Ratten dem Rattenfänger von Hameln. Er war nicht nur einfach eine Manie unter anderen, er war eine Krankheit, tödlich wie die Cholera. Er wurde geliebt, er wurde gehaßt, er blieb niemals unbeachtet.

Dann geschah an einem Februartag des Jahres 1922 etwas anderes. Ein Exemplar eines blaugebundenen Buches mit dem Titel *Ulysses* tauchte im Schaufenster von Sylvia

Beachs Buchhandlung Shakespeare & Co. auf. Die expatriierten Federn standen still. War das nicht das Buch, das man bereits vor Gericht gezerrt hatte, noch ehe sein Abdruck in der *Little Review* über wenige Seiten hinausgediehen war? So war es. Pernod, Byrrh, Dubonnet, Cognac standen reglos in den Gläsern. Diesmal waren die Schriftsteller mattgesetzt. Sie weinten vor Freude und kopierten voller Verzweiflung. Manche kehrten sogar entkräftet und

George Antheil erklettert seinen Balkon

SHAKESPEARE
AND
COMPANY
LENDING LIBRARY

doch stolz nach Hause zurück. Noch unter dem letzten Hemd im letzten Koffer lag ein Exemplar des blauen Buches, das in England wie in Amerika verboten war. James Augustin Joyce (er war dank der geistigen Verwirrung eines Gemeindeschreibers in Rathgar Augusta getauft worden) wies einem Zeitalter den Ausgang.

Joyce, geboren in den unruhigen Zeiten Parnells, erzogen in Clongowes und Belvedere (zeitweise dachte er ernsthaft daran, Priester zu werden), hatte über Nacht die Perspektive all jener verändert, die Hoffnungen auf eine literarische Karriere hegten. Er lebte, selten außerhalb des Hauses anzutreffen, in großer Armut in der Rue de l'Université. Sichtbar oder unsichtbar, man machte sich über ihn her, indem man sich sein neues, staunenerregendes Werk vornahm.

Kleine Zeitschriften wie *This Quarter, transition, The Transatlantic Review* zerfetzten ihn in der Diskussion. Teile des Buches, das dann *Finnegans Wake* hieß, erschienen unter dem zeitweiligen Titel *Work in Progress* zuerst in *transition*. Jeder las nun noch einmal *Porträt des Künstlers als junger Mann*; seine frühen Gedichte wurden von unbedeutenden Komponisten in unbekannten Dachstuben vertont. Sehr selten kam es vor, daß jemand ein begehrter Gast auf Cocktailpartys war, weil er Joyce entweder im Deux Magots oder, seltener, in der Gypsy Bar gesehen hatte, wie er sein Lieblingsgetränk, ein Gebräu aus Anis, Pernod, Suze und Cognac trank – das stärkste Getränk in der Geschichte der Menschheit.

Steins Stern, Cocteaus Mond waren untergegangen.

Joyce war so arm wie Hiob; er wohnte und führte sein Leben mit seiner Frau Nora und seiner Tochter Lucia in einem einzigen Zimmer. Sein Sohn Giorgio schlief unter dem Dach. Als Joyces Geburtstag heranrückte, konnte seine Frau ihm zu ihrem Kummer die zwei irdischen Dinge

Sylvia Beach und James Joyce
in der Buchhandlung »Shakespeare and Company«

nicht beschaffen, die sein Herz begehrte: einen Ring aus Eisen und ein Parfum namens Appopynax. Wenn Nora sich nicht gerade Sorgen machte, war sie so heiter und witzig wie sonst eine Tochter Erins.

Joyce selbst war ein ganz anderer Fall. Groß, schweigsam und dünn, mit einer altmodischen Würde ausgestattet, mit einem Schädel, der, am Hinterkopf flach, wie mit einem Lineal gezogen in die Linie des Halses überging, über dem einen Auge eine Klappe, mit edler Nase und kleinem, gequälten, höhnischen und störrischen Mund – damit hat man Joyce –, schritt der Großinquisitor zur Selbstbeurteilung. Wer ihm eine Frage stellte, konnte sicher sein, einen kalten, starren, schrecklichen Blick zu ernten. Joyce allein konnte Joyce Fragen stellen. Proust wurde sein »Vater« genannt, aber Proust war immer noch »unbekannt«.

Das alles und Paris noch dazu! Was schulden wir, die wir es kennengelernt haben, dieser Stadt nicht alles! Man konnte sich nehmen, soviel man tragen konnte. Warum nicht gleich alles – auch das. Das waren damals heiterere Tage, als es sie zu der Zeit sonst irgendwo gab, und traurigere. Da war die ganze Aufregung um das kurzlebige Theater, das Cigale, das vom Conte de Beaumont finanziert wurde. Da war das Ballett Russe mit dem Picasso-Vorhang – einer prächtigen kräftigen rosa Frauengestalt, die durch den Sand rannte. Da waren *Sacre du Printemps* und das englische junge Mädchen (das unter russischem Namen auftrat), das sich darin fast zu Tode tanzte und, bewußtlos und nunmehr berühmt, vom Boden aufgehoben wurde.

Weisheit konnte man sich an der Sorbonne holen, mit Gelehrten sprechen, mit großen Metaphysikern streiten, Seite an Seite neben den plüschigen Damen des Theaters sitzen.

Man konnte nahezu jeden kennenlernen, wenn man es nur genügend wollte. Dies kann und konnte man in den USA nicht – und natürlich ebensowenig in Paris, wenn man ein absoluter Schwachkopf war. Doch man konnte es, wenn man intelligent und interessiert war. Dieser Vorzug ist nicht oft genug hervorgehoben worden.

Dann konnte man auch zum Teufel gehen, wenn einem dies Schicksal letztendlich bestimmt war. Man konnte entweder an den Beaux Arts etwas werden oder an den Quat'z Arts nichts werden. Man konnte mit Gewinn die Stätten besuchen, an denen Balzac gearbeitet hatte, oder man konnte zum Zelli oder Ciro gehen und verrückt spielen wie ein Wildpferd und am Morgen aufwachen und darüber stöhnen, daß einen niemand in die Oper mitgenommen hatte, oder daß man nicht wenigstens im Pré-Ca

Der Ball der Quat'z Arts

Der Ball der Quat'z Arts
Die »Wilden«   Vergoldete Krieger

talan im Bois oder im Château de Madrid gespeist oder sich schlimmstenfalls ins Grand Guignol hatte führen lassen und in gräßlicher Stimmung bei Black Velvet (das *mußte* einfach sein, ganz gleich, wer oder was man war) in den Hallen gelandet war.

Während ich jetzt schreibe, erscheinen all diese Zustände gleichermaßen begehrenswert. Was kam es schon darauf an, solange Paris da war?

Das Schreckliche ist ja nicht, daß all diese Dinge geschehen konnten, sondern daß sie alle vorbei sind.

GRAND GUIGNOL
DU
GRAND GUIGNOL
GRAND GUIGNOL
L'HORRIBLE EXPERIENCE
GRAND GUIGNOL
L'HORRIBLE EXPERIENCE

Nachwort

Man konnte nahezu jeden kennenlernen, wenn man es nur genügend wollte..., man konnte es, wenn man intelligent und interessiert war.« (›Klagelied‹)

Sie kannte alle. Und alle kannten sie. Sie war eine von ihnen: Djuna Barnes, eine der namhaften amerikanischen ›expatriates‹ der ›lost generation‹. Eine auffällige und zugleich schwer durchschaubare Figur innerhalb der verwirrenden Choreographie der Pariser Zwanziger Jahre. Vielleicht sah sie die anderen schärfer, genauer, ironisch, aber auch betroffener, als sie gesehen wurde. Ihre Person elegant zu camouflieren, war eine früh geübte und lebenslang beibehaltene Methode – der Selbstschutz der Scheuen.

Als sie 1919/20 zum ersten Mal in Paris einzog, hatte sie bereits eine glänzende Karriere als eigenwillige Journalistin, als treffsichere Porträtistin (mit Zeichenstift und Feder), als unabhängige Bohémienne (mit Affären und Amouren) im New Yorker Greenwich Village hinter sich.

Sie hatte mit Gedichten begonnen, Erzählungen geschrieben, die in kleinen rasch auf- und verblühenden Zeitschriften erschienen, Theaterstücke verfaßt, die, auf kleinen Bühnen aufgeführt, Be- und Verwunderung erregten. ›Nightwood‹ – ihr opus magnum – lag noch in ziemlich weiter Ferne vor ihr.

Diese erste Pariser Zeit ist eine Epoche begieriger Erfahrung, persönlichen und literarischen Experimentierens. Die Zeitungsarbeit tritt bis auf das unerläßliche Minimum zurück. Die Geldnöte sind permanent und werden lässig gelöst, ihre äußere Erscheinung bleibt davon wie von ihrer exzessiven Lebensweise unangetastet. Am Ende des Jahrzehnts wird es ›Ryder‹ geben, ihren ersten Roman, der, wie die ›bekannteste Unbekannte‹ später gelegentlich anmerkte, immerhin ein Bestseller wurde.

Im gleichen Jahr 1928 erscheint ›Ladies Almanack‹, das unter dem durchsichtigen Pseudonym einer ›Lady of Fashion‹ veröffentlichte kennerisch-freche Kalendarium weiblicher Tages- und Jahreszeiten, von dem es wiederum noch in den Fünfziger Jahren unverkaufte Reste gab. Es versammelt, nur knapp verfremdet, alle geistreichen und vielbegabten Pariser Extra-Vagantinnen um die ›Amazone‹ Natalie Clifford Barney, die amerikanische Millionärin und Dauerresidentin in der rue Jacob, die Djuna Barnes über gelegentliche Entfremdungen hinweg freundschaftlich verbunden blieb.

Der Salon der erklärten Lesbierin schloß Männer keineswegs aus: »Miss Barney empfing französische Staatsmänner, alternde Philosophen, Dichter und hagere Damen aus dem Faubourg St. Germain und der Proust-Tradition.« (›Klagelied‹) Es ist anzunehmen, daß Djuna Barnes vielen der Pariser Berühmtheiten dort begegnete. Dort und in den einschlägigen Cafés – im ›Dôme‹ am Montparnasse, im ›Flore‹ und im ›Aux deux Magots‹ in St. Germain-des-

Prés, damals noch nicht für immer durch Sartre und seine Existentialisten markiert, sondern Standort des Schriftstellers, der für sie unter den schreibenden Zeitgenossen am wichtigsten wurde, dem sie am nächsten kam: James Joyce.

Auch in den drei Pariser Prosastücken, die hier zum ersten Mal zusammen – zwei von ihnen zum ersten Mal deutsch – erscheinen, hat er einen vorrangigen Platz. Allemal in dem 1922 in ›Vanity Fair‹ veröffentlichten kurzen Essay mit dem gewichtigen und sehr Barnes-isch zurückhaltenden Untertitel: »Porträt eines Mannes, der gegenwärtig eine der bedeutendsten literarischen Figuren ist«. Die junge, wenn auch nicht mehr namenlose Autorin begegnet ihm aufmerksam aber gleichberechtigt. Sie – eine der frühesten und hellhörigsten Leserinnen des ›Ulysses‹ – ist fasziniert von seinem literarischen Verfahren, aber sie nimmt, unbeirrt von der erkannten Größe dieser Stimme, seine Mängel und Macken, seinen Anspruch und seine Schrulligkeiten wahr: die kalte Abfuhr, die er jeglicher Frage erteilt, seine schweifenden Monologe ohne eigentliche Pointe, sein »angeblich perfektes« Gedächtnis, das »etwas vom trägen Wallen eines Bodennebels hat«. So befindet sie respektvoll-respektlos in den im gleichen Jahr in ›The Double Dealer‹ erschienenen ›Vagaries Malicieuses‹ – ein in seiner sprachlichen Mischung (die englischen ›vagaries‹ sind auf französich ›divagations‹) für Djuna Barnes sehr bezeichnender Titel – sie wurde des Französischen nie ganz mächtig.

Diese boshaften Streifzüge – oder Extravaganzen oder Phantastereien – enthalten ihre ersten Pariser Eindrücke, im Ton ihren besten New Yorker Stücken ähnlich, und sind alles andere als ein touristischer Hymnus auf die ›Seine-Stadt‹. Ihre erschreckte Feststellung – »Das also ist Paris? ... Großer Gott, was hab ich getan?« – wirkt authentisch, ist keine bloße façon de parler. Ihr Blick, unter dem Vergoldungen aller Art leicht abblättern, durchdringt mühelos die morbiden Traditionalismen, den kontinentalhistorischen Stolz, die bourgeoise Selbstgefälligkeit, den bereits so lange gewerblich genutzten und ein wenig abgenutzten französischen Charme. »Die Vervielfältigung von Paris habe seine Zerstörung bewirkt« (sagt sie), »... allzuviele Menschen hätten über Paris berichtet, und im Verlauf der unvermeidlichen Verwerfung geht so vieles dahin.« Und so zerzupft sie mit ihrem – imaginären – französischen Begleiter leichthändig Stück um Stück der gerühmten Pariser Attraktionen – von den Tuilerien bis zum Vogelmarkt.

Das Gegenstück zu ihren frühen Impressionen ist das ›Klagelied auf das Linke Ufer‹ – die Rive Gauche der Seine, diesen Inbegriff des intellektuellen und künstlerischen Paris. Es ist ein Rückblick, ein Abgesang, aus kurz vor dem Kriegsausbruch gesammelten Notizen destilliert und 1941 in der Zeitschrift ›Town and Country‹/*Vantage Ground* erschienen. Zwischen beiden Paris-Bildern liegen die in ›Nightwood‹ verdichteten extremen Erfahrungen am gleichen Ort. Ist das spätere ein Widerruf, die nostalgische Verklärung junger Erlebnisse und ihrer Stätten durch eine nicht mehr ganz junge Schriftstellerin, die ihre Zeit dahingehen sieht? Nicht eigentlich. Eher ihr Destillat. Das, was an Unverwechselbarem übrig und im Gedächtnis bleibt, wenn die verwirrend und auch widrig erlebte Gegenwart zur Vergangenheit abgeklungen ist: ein »vin ordinaire« zu einer »blanquette de veaux« in einem der zahllosen Bistros oder das »leichte Rascheln der Bäumchen in ihren Eisenkorsetts« oder der Trost der Straßencafés, »dieser Freiluftwohnzimmer Frankreichs«. Gerüche, Geräusche, Bagatellen – Alltägliches. »Ich würde alles geben, was ich habe«, sagt sie, »außer dem, was es mir gegeben hat, um wieder in dem Paris sein zu können, wie es war.«

Die widerspenstige Spötterin von einst stattet auf ihre unsentimentale Art – aber nicht ohne Wärme – Paris ihren Dank ab, indem sie sich erinnert, was es ihnen allen angeboten hat – den kurz- oder langfristigen ›expatriates‹ vor allem: Ezra Pound, T.S. Eliot, Ford Maddox Ford und James Joyce, dem jüngeren Ernest Hemingway und Sherwood Anderson und all den anderen. Sie erinnert sich in einem knappen Porträt – einer leichten eleganten Strichzeichnung – an Jean Cocteau, die ›bête noir‹ der Dadaisten und das Stadtgespräch jener Jahre: »Er setzte eine tragische Muse aufs Zirkuspferd.« Sie erinnert sich voll sachlicher Anerkennung und nicht ohne Tücke an Gertrude Stein, »so solide und selbstsicher wie ein Fels«. Sie erinnert sich auch hier an James Joyce: wie sein ›Ulysses‹, als er 1922 erschien, die Getränke in den Gläsern erstarren ließ und die Schriftsteller rundum mattsetzte. Sie entsinnt sich der Exzesse und schrecklichen Hang-over, der in Bars und Nachtclubs ertränkten schwarzen Verzweiflungen, der genossenen und entgangenen Vergnügungen. »Während ich jetzt schreibe, erscheinen alle diese Zustände gleichermaßen begehrenswert. Was kam es schon darauf an, solange Paris da war?«

Eben in dieser Spannung von unmittelbar verschwendender Gegenwart und festhaltendem Rückblick gewinnt die so viel beschriebene, so weidlich zum Mythos stilisierte Epoche der Zwanziger Jahre in Paris eine an der Person Djuna Barnes meßbare neue Authentizität.

Kyra Stromberg

Vorderes Vorsatz und S. 7: André Kertész. S. 2: Bettmann Newsphotos, New York. S. 8, 16/17, 38/39, 60, 77: Ullstein Bilderdienst, Berlin. S. 19, 21, 23, 30/31, 32, 64/65, 68, 71, 83: Archiv Roger Viollet, Paris. S. 34, 36, 42, 63, 81, 82 und hinteres Vorsatz: Brassaï. S. 35: Eugène Atget. S. 40: Archiv für Kunst und Geschichte, Berlin. S. 47, 54/55, 56/57, 74 oben, unten links, S. 85: Berenice Abbott. S. 74 unten rechts: George Platt Lynes. S. 48, 52: Gisèle Freund. S. 59: François Kollar. S. 67 links: Alvin L. Coburn. S. 67 rechts: Man Ray/Rowohlt Verlag, Reinbek. S. 72: Arche Verlag, Zürich.

DJUNA BARNES wurde 1892 in Cornwall-on-Hudson geboren und begann ihre literarische Karriere als Journalistin für New Yorker Tageszeitungen. 1922 ging sie als Korrespondentin nach Europa, machte zahlreiche Reisen und lebte lange in Paris, als Mittelpunkt literarischer und künstlerischer Zirkel.

Ende der Dreißiger Jahre kehrte Djuna Barnes nach New York zurück, wo sie 1982 starb.

The Book of Repulsive Women. 1915. A Book. 1923 (Erzählungen aus diesem Band erschienen unter den Titeln A Night Among the Horses, 1929, und Spillway, 1962; deutsch 1961 und 1987). Ryder. Novel. 1928 (deutsch 1986). Ladies Almanack. 1928 (deutsch 1985). Nightwood. Novel. 1936 (deutsch 1959). The Antiphon. A Play. 1958 (deutsch 1972). Vagaries Malicieuses. Two Stories. 1974 (die Titelgeschichte deutsch in der vorliegenden Ausgabe). Greenwich Village as it is. 1978. Creatures in an Alphabet. Poems. 1982. Smoke and Other Early Stories. 1982 (deutsch 1984). Interviews. 1985 (deutsch 1985). Djuna Barnes' New York. 1987 (deutsch 1987)

Vagaries Malicieuses erschien zuerst in ›The Double Dealer‹, III, Mai 1922 ; *James Joyce. A Portrait of the Man Who Is, at Present, One of the More Significant Figures in Literature* in ›Vanity Fair‹, XVIII, April 1922; *Lament for the Left Bank* in ›Vantage Ground‹/*Town and Country*, XCVI, Dezember 1941.

DJUNA BARNES

Die Nacht in den Wäldern *Short Stories*

»Hier schreibt eine nüchterne und dandyhafte, ungezügelte und scharfzüngige Literatin von ausgeprägter Eigenart – das macht diese frühen Erzählungen so lesenswert.«

FRANKFURTER ALLGEMEINE ZEITUNG

Quartheft 133. 160 *Seiten. DM* 19.80

Portraits

Interviews mit bekannten und unbekannten Zeitgenossen – von Coco Chanel bis James Joyce

Eine Passionierte – in beiderlei Sinn: der Leidenschaft und der Leidensfähigkeit – ist sie immer, auch in diesen leichthin skizzierten, scheinbar flüchtigen Begegnungen. Das befähigt sie, hinter der meist brillanten Fassade der Großen und Erfolgreichen die geheimen Tragödien, die Trauer hinter der Clownerie zu sehen, den der Epoche inhärenten Pessimismus hervorzulocken, der ihr eigener war, und der so gern unter der genußfrohen Eleganz der Belle Epoque oder dem Glamour der ›Roaring Twenties‹ verschwindet.

Englische Broschur. 208 *Seiten. Mit vielen Fotos. DM* 29.80

Ladies' Almanach

Eine Persiflage auf den berühmten lesbischen Zirkel der Amerikanerin Natalie Clifford Barney im Paris der Zwanziger Jahre.

»Alles, was man schon immer über die besonderen Damen wissen wollte, erfährt man aus diesem ebenso tiefsinnigen wie witzigen 12-Monats-Buch.«

DIE ZEIT

Englische Broschur. 144 *Seiten mit vielen Zeichnungen und Fotos. DM* 24.80

Leidenschaft

Die berühmten Erzählungen der amerikanischen Schriftstellerin in neuer Übersetzung: Porträts von Menschen, die nicht die allgemeine Kontaktunfähigkeit, sondern ihre Individualität voneinander trennt.

Quartheft 147. 128 *Seiten. DM* 17.80

DJUNA BARNES

New York
Geschichten und Reportagen aus einer Metropole

Wer das heutige New York kennenlernen will, wird es nicht verstehen ohne den Glamour und die Tragik, die Djuna Barnes in ihren Reportagen und Geschichten für große New Yorker Zeitungen eingefangen hat.
»Manchmal birgt ein Raum eine Atmosphäre, manchmal beherbergt er auch nur eine Menge.
All diese Räume, diese Studios, diese Cafés werden eines Tages zu Staub zerfallen, aber dieser Staub wird lächeln«.

Englische Broschur. 192 *Seiten mit Fotos, Zeichnungen und einem Stadtplan. DM* 29.80

Saturnalien

Männer schneiden in diesen Erzählungen durchweg zu ihrem Nachteil ab. Djuna Barnes' vergiftete Sittenbilder beziehen ihre mit spöttischer Bosheit unterlegte Spannung aus einer Umkehrung des sogenannten Ungleichgewichts der Geschlechter: Es sind meist mehrere eingebildete oder tatsächliche Liebhaber, die sich um Frauen bemühen, die ihnen ein Rätsel bleiben.

Quartheft 147. 112 *Seiten. DM* 17.80

KYRA STROMBERG

Djuna Barnes
Leben und Werk einer Extravaganten

In ihrer ›biographischen Annäherung‹ ist es Kyra Stromberg gelungen, Djuna Barnes sowohl aus ihrer Zeit wie auch aus ihren großen Werken nachzuzeichnen.
»Wenn uns jemand die Frage stellen würde: ›Kennen Sie Djuna Barnes?‹, wir könnten bedenkenlos auf das vorliegende Buch verweisen.«
SÜDDEUTSCHE ZEITUNG

Englische Broschur. 168 *Seiten mit zahlreichen Fotos. DM* 29.80

Aus dem Amerikanischen von Karin Kersten

Paris, Joyce, Paris ist als fünfter *SALTO* im April 1988 erschienen

9.–11. Tausend im August 1989
Der Umschlag verwendet ein Foto von André Kertész
Ausstattung Rainer Groothuis
Satz aus der Korpus Deepdene durch Nagel Fototype, Berlin
Druck und Bindung Clausen & Bosse in Leck
Leinen von Hubert Herzog, Dornstadt
Printed in Germany.
ISBN 3 8031 1104 8

CREDIT INDUST
SERIE
LE DOME
91